サバイバル!

無人島で大冒険

少年写真新聞社

もくじ

やってみよう

注意！

この本に書かれている内容には、間違《まちが》った方法で行うと危険《きけん》なことも含《ふく》まれています。実際《じっさい》に試すときはけがに注意し、必要に応《おう》じて大人の人に相談してください。また、他人の土地に無断《むだん》で入ったり、むやみに自然を傷《きず》つけたりすることはやめましょう。

人物紹《しょう》介《かい》

シンヤ

スポーツ万能《ばんのう》で、アウトドアの知識《ちしき》が豊富《ほうふ》。仲間のリーダー的存在《そんざい》だが、そそっかしい面も。

アイコ

おばあちゃん子で、生活の知恵にたけている女の子。面倒見《めんどうみ》がよく、しっかり者。

ダイスケ

不器用だが、力持ちで優《やさ》しい性《せい》格《かく》。食べることが好きで、いつもおなかをすかせている。

ジュンイチ

いつも本ばかり読んでいて、あらゆる物事に関して、知識《ちしき》が豊《ほう》富《ふ》。体力には自信がない。

ユキ

物語の初めに行方《ゆくえ》不明になってしまった女の子。おとなしくひかえ目で、謎《なぞ》が多い。

ソラ

シンヤが飼《か》っている雑種《ざっしゅ》の子犬。好奇心旺盛《こうきしんおうせい》で、誰《だれ》にでもなついてしまう明るい性格《せいかく》。

マップ
果物が
採《と》れる森
船を発見！
シェルター
半壊《はんかい》した教室
毒ヘビ
に出会う
？

放課後の大地震《じしん》

　シンヤが学校のグラウンドに駆《か》け込《こ》んだとき、４人はもう集まっていた。シンヤ、ユキ、ジュンイチ、アイコ、ダイスケ。放課後のグラウンドにいつも集まる５人組だ。

「今日は何する？　ドッジボール？」とシンヤが聞いた。

「５人じゃ少ないよ。カードバトルやろうよ」ジュンイチが答えた。

「あれ、どうしてソラがいるの？」アイコはシンヤの飼《か》い犬のソラがついてきているのに気づいた。「来るなって言うのに今日はなぜか聞かないんだよ、コイツ」

　みんなに会えたうれしさのあまりソラは、さっそくユキに飛びついた。

「まあいいじゃない。いっしょに遊ぼうよ」ユキが優しくほほ笑みながら頭をなでると、ソラはしっぽをちぎれそうな勢《いきお》いでビュンビュン振《ふ》った。ダイスケはそんな４人と１匹《ぴき》を見てニコニコしていた。

「じゃあソラを入れて５人と１匹《ぴき》でドッジだ。決定！」とシンヤが言ったそのとき。

突然《とつぜん》、ドーンと突《つ》き上げるような激《はげ》しい揺《ゆ》れが襲《おそ》った。５人は立つどころかしゃがむこともできず、グラウンドの上をコロコロと転がった。

「きゃあ！ 何これ!?」アイコが悲鳴を上げる。

「地震《じしん》だ！ すごく大きい！」シンヤはそばにいたユキの手を思わず握《にぎ》った。

「まさか、私《わたし》たちのせいで地震《じしん》が？」なぜか落ち着いているユキは不思議なことを言ったが、シンヤには聞こえなかった。

「この揺《ゆ》れ方は直下型だよ！」ジュンイチがこんなときでも説明し始めたけれど、誰《され》も聞く余裕《よゆう》はなかった。「今はそんな説明いらないよ！」とシンヤが叫《さけ》んだとき、目の前のグラウンドに巨大《きょだい》な地割《じわ》れができて、５人をのみ込《こ》んだ！

消えたユキと無人島

　どれぐらい時間がたったのだろうか。横たわっていたシンヤは、ほおが砂《すな》に触《ふ》れる感触《かんしょく》で気がついた。「波の音が聞こえるな……。えっ？ 波!?」ガバッとはね起きると、そこは海岸だった。学校もグラウンドも影《かげ》も形もなく、校舎《こうしゃ》の一部分だけがえぐり取られたように砂浜《すなはま》の上にある。半壊《はんかい》した教室の周りに、仲間が気を失っているのが目に入った。ジュンイチ、アイコ、ダイスケ…。

「ユキがいない！」シンヤのその声で３人は目を覚ました。

　しばらく何が起こったのかわからなかったが、ジュンイチがぼそりと言った。

「ひょっとして…僕《ぼく》たちは地震《じしん》の衝撃《しょうげき》で空間を移動《いどう》してしまったのかもしれない。地震《じしん》のエネルギーってすごいんだよ」

「そんなＳＦみたいなことあるわけないよ！」とダイスケが言った。
「でも、僕《ぼく》たちさっきまで学校にいたんだよ」
「そんなことよりも、とにかくユキを探《さが》さなきゃ！」シンヤは叫《さけ》んだ。
　その後４人は必死にユキを探《さが》したが、見つからなかった。その代わりにわかったのは、どうやらここは南の島、しかも無人島らしいということだった。
　全員汗《あせ》だくになり、のどがひどく乾《かわ》いていた。でも、もちろん水道も自動販売《はんばい》機もどこにもない。途方《とほう》に暮《く》れる３人にシンヤは告げた。
「まず、水を探《さが》そう。水はサバイバルで最も大切なんだ。絶対《ぜったい》に生き延《の》びて、ユキを見つけてこの島を脱出《だっしゅつ》するんだ！」

水を確《かく》保《ほ》する

サバイバルで最初にするのは、水を手に入れることだ。人間は食事や飲料で合計約２Ｌ（気温25℃、大人の場合）の水を１日にとる必要がある。多いようだけれども、人間の体の60 ～ 70％は水でできているのだ。

雨水をためる

ビニールシートを使えば、簡単《かんたん》に雨水を集められるだろう。このほか、木の枝《えだ》の間にビニールシートを張《は》ることもできる。市街地でのサバイバルなら屋根の雨どいを利用するのもよい。

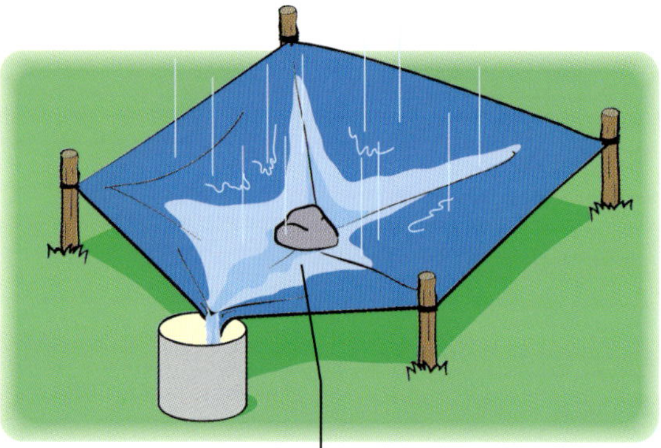

石などで重しをして水をうまく引いて集める。

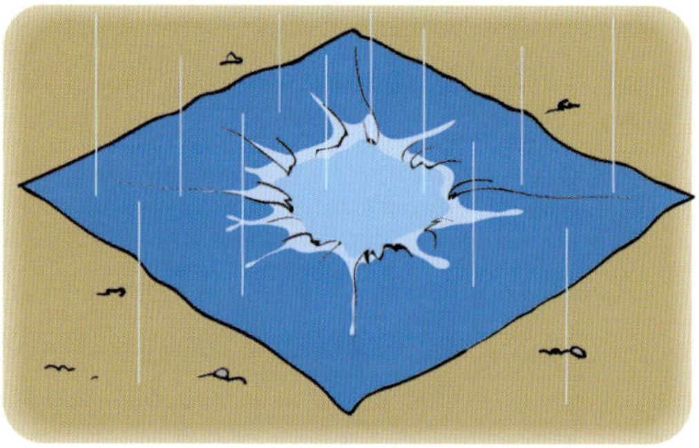

ビニールシートを張《は》ることが難《むずか》しければ、地面に穴《あな》を掘《ほ》ってシートを敷《し》けば水をためられる。

朝《あさ》露《つゆ》を集める

雨が降《ふ》らなくても、朝は温度差で空気中の水分が露《つゆ》になる。葉から直接《ちょくせつ》集める方法が早いだろう。太陽が昇《のぼ》ると蒸発《じょうはつ》してしまうので集めるのは早朝に行おう。

川のそばの地面を掘《ほ》る

川の水がにごっているときに役立つ方法で、最初はにごった水がわき出てくるが何度かすくい出すと澄《す》んでくる。ごみなどで土が汚《よご》れている場所では使えない。

土がろ過《か》装置となる。

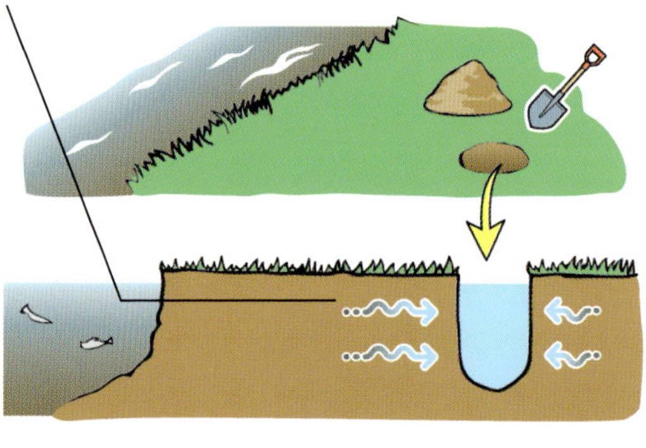

地面から水を集める

どんなに乾《かわ》いて見えても、地面には水分がほんの少し含《ふく》まれている。これは地面から蒸発《じょうはつ》する水分をビニールシートを利用して集める方法で、ゆっくりだが、どこででもきれいな水が得られる。

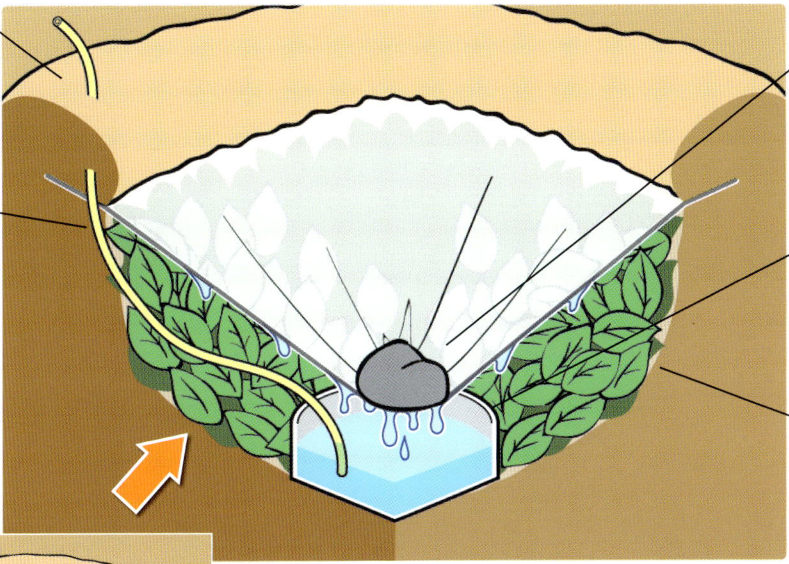

土をのせてシートをとめる。
チューブを使えば装置《そうち》を壊《こわ》さず水が飲める。
シートの中央に石を置く。
水をためる容器《ようき》。
葉っぱなど水分の多いものを入れる。

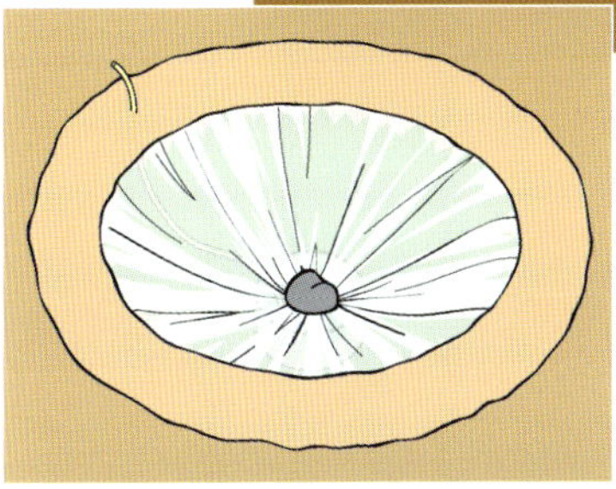

水を失うとどうなる

体内の水分を失うことの影《えい》響《きょう》は大きい。体重の2%の水分が失われるとめまいや頭痛《ずつう》などが起こり、6%を超《こ》えるとだるくなったり、けいれんが起こることもある。さらに進むと命に関《かか》わる危険《きけん》な状態《じょうたい》になる。また、水も食べ物もなしでは数日で死んでしまうが、水さえあれば2～3週間は生き延《の》びられると言われる。

海水を真水にする

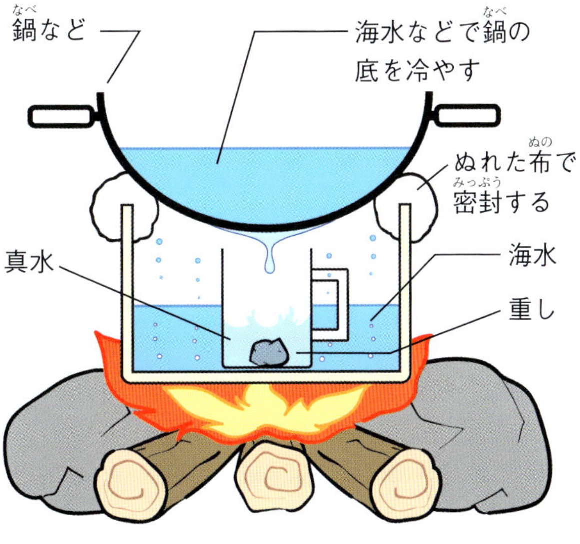

鍋《なべ》など
海水などで鍋《なべ》の底を冷やす
ぬれた布《ぬの》で密封《みっぷう》する
真水
海水
重し

海水を沸騰《ふっとう》させて出てきた水蒸気《すいじょうき》を冷やせば真水を手に入れられる。この方法は蒸《じょう》留《りゅう》といわれ、実は上の方法と同じ理屈《りくつ》だけど、真水ができるスピードはずっと早い。

植物から水分を採《と》る方法

植物は根や葉に水が含《ふく》まれている。得られる水はそれほど多くないが根気よく集めよう。少しの水が命をつなぐこともあるのだ。

葉が袋《ふくろ》の内側に触《ふ》れないように注意しよう。

葉の多い枝《えだ》の先をビニール袋《ぶくろ》で覆《おお》ってぴったり閉《と》じると、葉から出た水分が内側に水滴《すいてき》となって付く。草をむしってそのままビニール袋《ぶくろ》に入れてもよい。

水が入っているとチャプチャプと音がする。

竹からも水が得られ、先端《せんたん》に近い部分を切ると水が流れ出すことがある。竹は温帯・熱帯に広く分布《ぶんぷ》しているのでいろいろな場所で使える方法だ。

ヤシの実ジュースを飲もう

ヤシの実の中にたまっている水はジュースのように飲むことができるし、実の内側の果肉も食べられる。

水分が失われるのを防《ふせ》ぐには

- 食べる量を減《へ》らす。消化には水分が必要で、特に脂肪《しぼう》の消化には多くの水分が使われてしまう
- 涼《すず》しい日陰《ひかげ》でじっとして汗《あせ》の量を減《へ》らす
- 口ではなく鼻で呼吸《こきゅう》し、しゃべらない

植物が水を出す仕組み

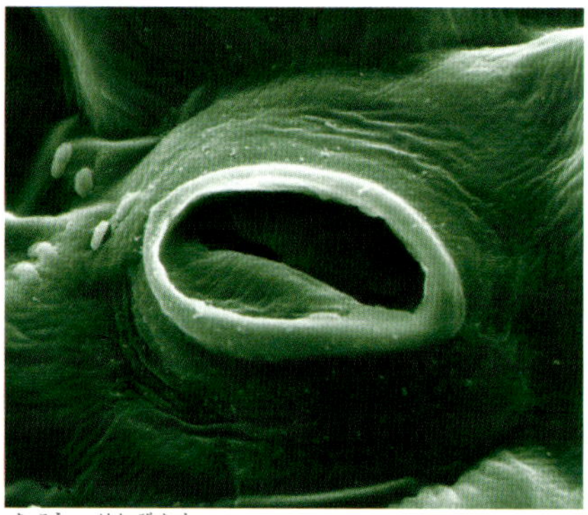

気孔《きこう》の顕微鏡《けんびきょう》写真。大きさは0.01mmほど。

植物は根から水を吸《す》い上げ、葉から放出（蒸散《じょうさん》という働き）する。葉の表面には気孔《きこう》と呼《よ》ばれる小さい穴《あな》がたくさんあり、これが開閉《かいへい》して水分量を調整している。

水を飲むときの注意

にごった水は一目で危険《きけん》とわかるが、透《す》き通っていても有毒なことがあるので油断《ゆだん》はできない。手に入れた水は、ろ過《か》した水でも沸騰《ふっとう》させて殺菌《さっきん》してから飲むようにしよう。

生水が引き起こす危険《きけん》

汚《よご》れた水はさまざまな病気の原因となる。赤《せき》痢菌《りきん》や病原性《せい》大腸菌《きん》などは激《はげ》しい下痢《げり》を引き起こす。また、肝臓《かんぞう》に異常《いじょう》をもたらすエキノコックスという寄生虫《きせいちゅう》が潜《ひそ》んでいることもある。

10分ぐらい沸騰《ふっとう》させると多くの病原菌《きん》を殺菌《さっきん》できる。ただし、化学物質などはなくならない。

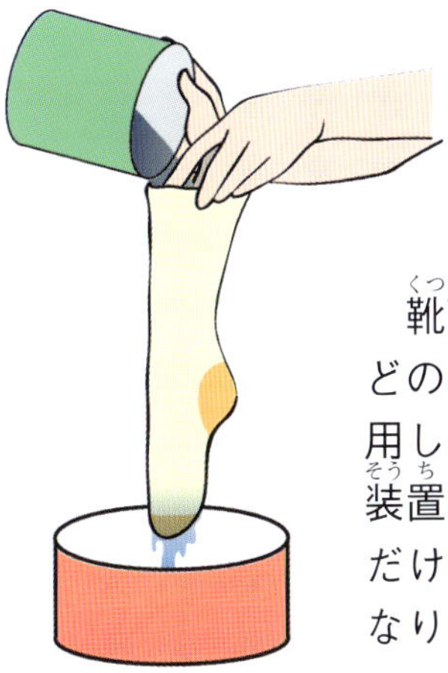

靴下《くつした》やハンカチなどの身近なものを利用しても簡単《かんたん》なろ過《か》装置《そうち》が作れる。これだけでも砂《すな》などはかなり取り除《のぞ》ける。

木炭の浄化《じょうか》作用

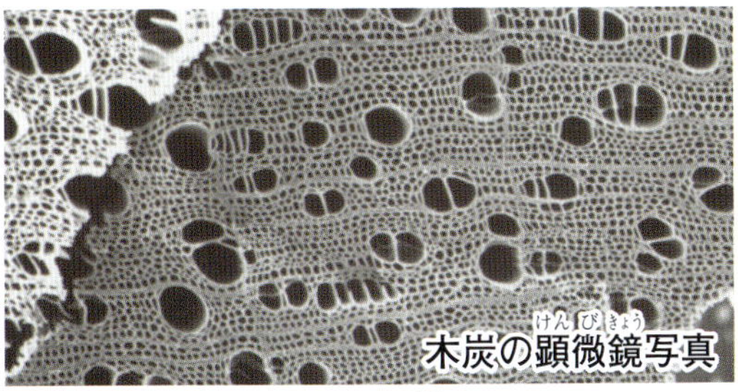

木炭の顕微鏡《けんびきょう》写真

木炭の表面には小さな穴《あな》がたくさん開いていて、この穴が水の汚《よご》れを吸《す》いつける。木炭は河川《かせん》の浄化《じょうか》などにも活用されているのだ。

ろ過装置《かそうち》を作る

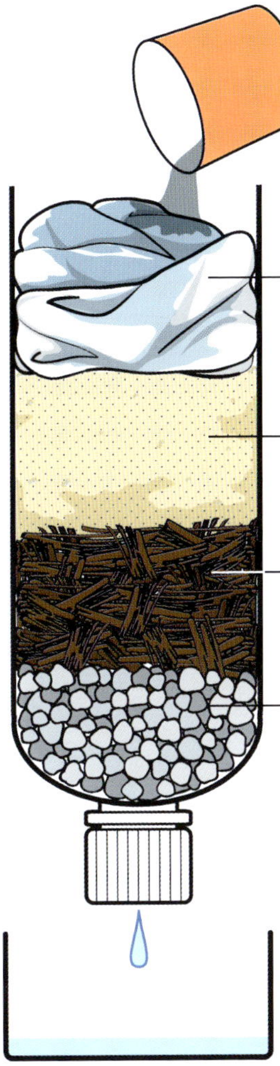

ペットボトルなどの容器《ようき》を利用すればろ過装置《かそうち》が作れる。中に入れる砂や小石はきれいなものを使うこと。ろ過《か》のスピードは遅《おそ》いので、ゆっくりと水を注ごう。

たき火がくれた安らぎ

４人の目は回転する木の棒《ぼう》にずっと注がれていた。シンヤが火をおこそうとしているのだ。

弓ぎりを動かし続けるシンヤの額《ひたい》には汗《あせ》の玉がポツポツと浮《う》かんでいる。

「たしかお父さんにこう教わったんだけど。なかなかつかないな…」

「無理そうならほかの木に替《か》えてみようか。」とジュンイチがサポートする。

昨日の夜は月も星も見えない真っ暗闇《くらやみ》で、自分の手がどこにあるのかもわからないほどだった。「夜は暗い」という当たり前のことの恐《おそ》ろしさを４人は初めて知った。時折、闇《やみ》の奥《おく》から得体の知れない鳴き声が聞こえてきたが、手をつないでただ震《ふる》えることしかできなかったのだ。

いろいろ試していて薄暗《うすぐら》くなってきたころ、板の切り込《こ》みの下に小さな赤い火種が生まれた。３人の歓声《かんせい》が上がり、シンヤは「ふう」とため息をもらした。

小さな火種をなんとか大きくして、たき火を囲んで座《すわ》っていると、不思議と気持ちが落ち着くのを感じた。

「人類は何十万年以上も前からこうやって猛獣《もうじゅう》や寒さから身を守っていたんだよ。その記憶《きおく》は、僕《ぼく》たちのＤＮＡにも受け継《つ》がれているのかも」とジュンイチは言った。

「だから、こんなに安心するのかな？」アイコは揺《ゆ》れる炎《ほのお》を見つめている。

「たき火といえば、やっぱり焼きいもが欲《ほ》しくなるなあ。みんなはどう？」ダイスケがいうと、みんなは笑いながらうなずいた。

火をおこす

火を使いこなせば、サバイバル生活は大きく変わる。暗闇《くらやみ》を照らし、暖《だん》をとるのはもちろん、料理や野生動物から身を守るのにも火は役立つ。道具を使う動物はほかにもいるけれど、火を使えるのは人間だけ。ここでは火をおこす方法を学ぼう。

レンズを使う方法

太陽の光を集めるのが最も簡単《かんたん》な方法だが、日中の天気が良いときにしか使えない。やけどには注意しよう。

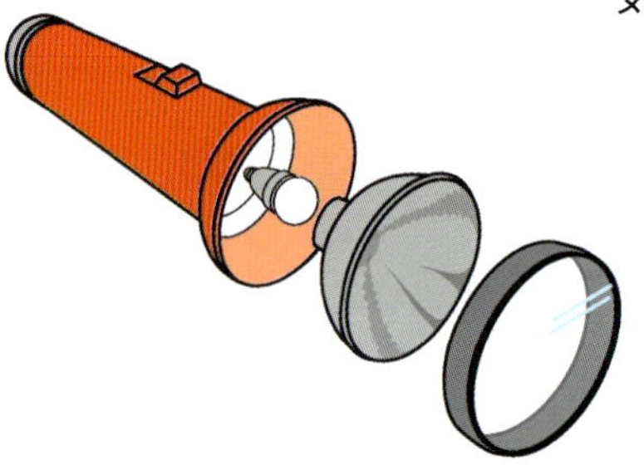

懐中《かいちゅう》電灯の電球を囲む反射《はんしゃ》板を利用して太陽光を集める方法。

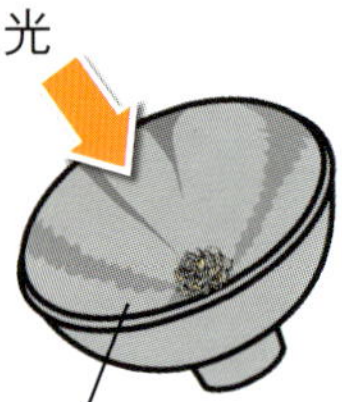

火口《ほくち》（ページ下参照）を中に入れる。

ペットボトルに水をためて逆《さか》さにして太陽光を集める方法。断面《だんめん》が丸いものが向いている。四角い形のものは光が集まりにくい。

丸底フラスコのような瓶《びん》もレンズになる。窓辺《まどべ》にこうした瓶《びん》を置いていて自然発火した例もあるので注意。

凸《とつ》レンズ形の透明《とうめい》なのも利用できる。氷のレンズやカメラのレンズなどでも火をおこせる。レンズの直径は大きいほうがいい。

レンズによる火おこしの原理

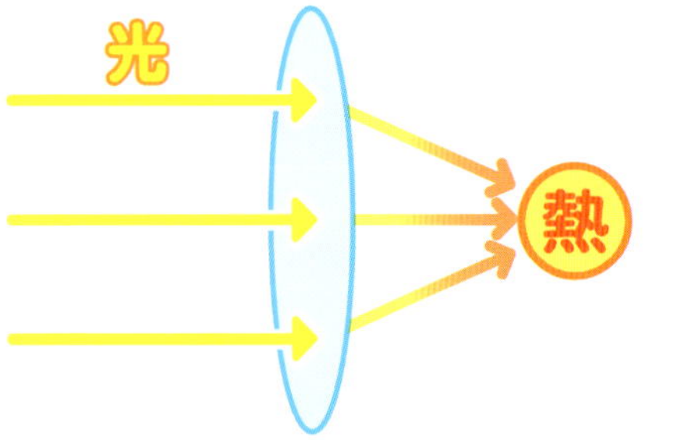

レンズで太陽光を屈折《くっせつ》させて一点に集めると熱が生まれる。木や紙に火がつくのは350℃ぐらいだが、太陽炉《ろ》という特殊《とくしゅ》な装置《そうち》は鉄も溶《と》かす3000℃の高温を作り出せる。

火口《ほくち》を作る

火口《ほくち》とはほぐした麻《あさ》ひもやススキやガマの穂《ほ》、ヤシの実の繊維《せんい》など、燃えやすい素材《そざい》をまとめたもの。小さな火を大きくすために必要なのだ。

やってみよう　弓ぎり式火おこし

回転する木の摩擦《まさつ》で火をつける方法。道具もそろえやすく、体力もそれほど必要ない。

必要なもの

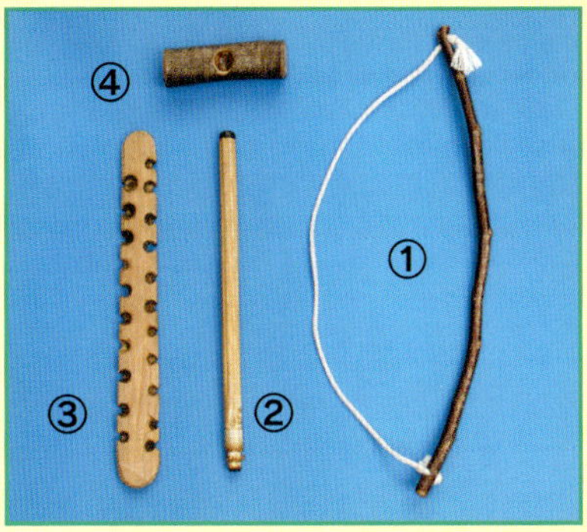

①弓　長さ45cmくらいで、やや曲がった丈夫《じょうぶ》な枝《えだ》が使いやすい。

②火きりきね　直径1.2cmぐらいの木を使う。滑《すべ》り止めに溝《みぞ》を刻《きざ》んでおく。先端《せんたん》はとがらせない。

③火きり板　厚《あつ》さ１cm、幅《はば》３cmほどの板。柔《やわ》らかい杉《すぎ》の木などが適《てき》している

④ハンドピース　堅《かた》い木が向いている。回転がスムーズになるようにくぼみを入れる。

火きり板は写真のように切り込《こ》みとくぼみを入れておく。

左手を足に付ける。

ハンドピースを回転が止まらない程度《ていど》に押《お》しつける。

弓のひもはピンと張《は》り、端《はし》の方を持つ。

足で板を押《お》さえる。

下に葉を敷《し》く。

弓を前後に動かすと火きりきねが回転する。

火がつくと煙《けむり》が上がる。慣《な》れれば数十秒でOKだ。

ついた火種を火口《ほくち》に移《うつ》す。葉を持てば熱くない。

火種をくるんで息を吹《ふ》きかける。数回吹《ふ》くと煙《けむり》が出てくる。

煙《けむり》が出たら振《ふ》り回して空気を入れるとボッと燃《も》え上がる。

いろいろな火おこしの方法

きりもみ式

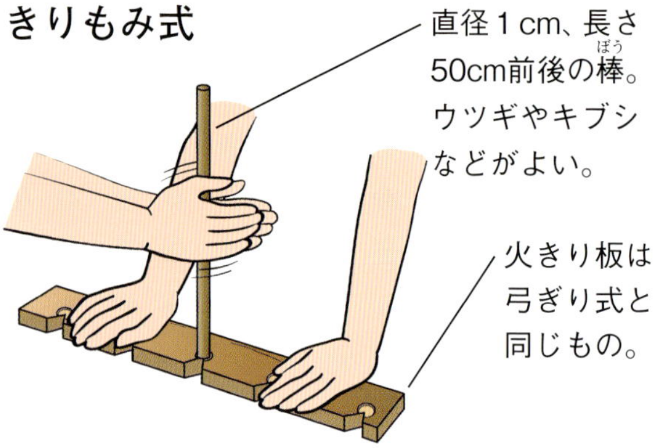
直径1cm、長さ50cm前後の棒《ぼう》。ウツギやキブシなどがよい。
火きり板は弓ぎり式と同じもの。

棒《ぼう》を手のひらで挟《はさ》み、下に押《お》しつけながら回転させる。途中《とちゅう》で手の位置が下がってきたら上の方に持ち替《か》える。このときに棒《ぼう》をしっかり押《お》さえて、摩擦熱《まさつねつ》が逃《に》げないようにする。

糸のこ式

ニューギニアやフィリピン、インドネシアなどで行われていた方法で、細長い竹ひごを割《わ》れ目や刻《きざ》んだ木に添《そ》わせ、勢《いきお》いよく摩擦《まさつ》する。

やってみよう　電池とスチールウールで火おこし

電気抵抗《ていこう》による発熱を利用する方法。急激《きゅうげき》に発火するので注意。周りの燃《も》えやすいものを片《かた》づけてから大人と一緒《いっしょ》にやってみよう。

スチールウールを手でほぐす。隙間《すきま》が多い方が燃《も》えやすい。

(−)
乾電池《かんでんち》は2個直列にする（1個では電圧《でんあつ》不足）。
やけど防止に手袋《てぶくろ》を着用。
(＋)

乾電池《かんでんち》（単1がよい）のプラス極にスチールウールをつなぎ、逆側《ぎゃく》をマイナスにつなぐ。すぐに燃《も》え始めるので火口《ほくち》を用意しておこう。

たき火をしよう

いきなりまきに火をつけてもたいていすぐに消えてしまう。焦《あせ》らず火を育ててゆこう。また、たき火の後は確実《かくじつ》に火を消すこと。

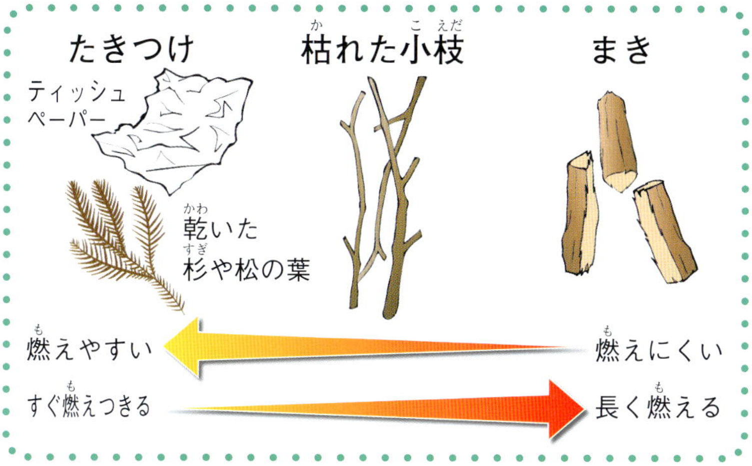

たきつけ
ティッシュペーパー
乾《かわ》いた杉《すぎ》や松の葉
枯《か》れた小枝《こえだ》
まき
燃《も》えやすい
すぐ燃《も》えつきる
燃《も》えにくい
長く燃《も》える

枝《えだ》などの表面に切れ目を入れると火がつきやすい。

うちわや火吹《ふ》き竹で空気を送り込《こ》むと火の勢《いきお》いが強くなる。

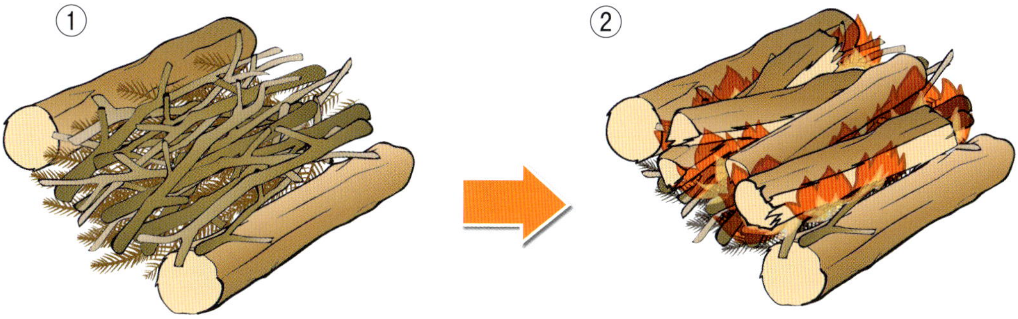

①
②

①　2本の丸太（石でもよい）を平行に並《なら》べ、最初にたきつけ、次に小枝《こえだ》をその間に置き、たきつけに火をつける。

②　火の勢《いきお》いを見《み》ながら、だんだん太いまきを足してゆく。広葉樹《こうようじゅ》のまきを使えば、おき火になって安定して燃《も》える。

三角形のたき火

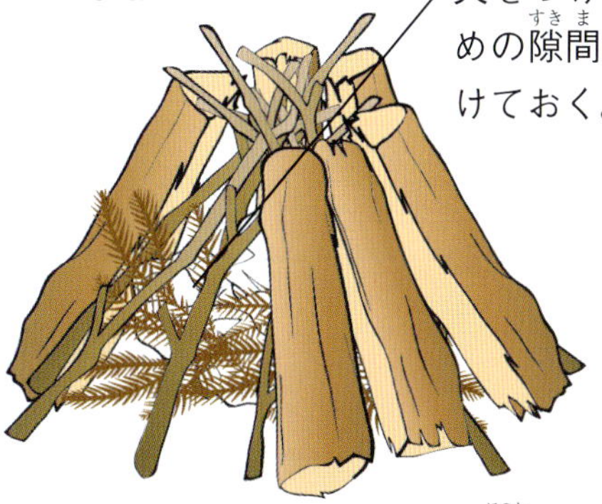

火をつけるための隙間《すきま》を空《あ》けておく。

三角形に組んだたき火は炎《ほのお》が高くあがって見栄えがよいが、燃《も》え尽《つ》きるまでの時間は短い。

かまどの役割《やくわり》

かまどを作れば煮《に》炊《た》きがしやすいし、風が強くても火が消えにくい。

風

たき火の三方を石で囲めば土器や鍋《なべ》をのせられる。風が吹《ふ》き込《こ》んでくる方向は空ける。

秘密基地《ひみつきち》を作ろう

４人が寝泊《ねと》まりしていた教室は、地震《じしん》のために崩《くず》れかけていた。壁《かべ》や床《ゆか》の裂《さ》け目がしだいに大きくなり、天井《てんじょう》もボロボロと落ちてきている。ここで生活するのは危険《きけん》と考えて、新しい家を作ることにした。

作るのは木や葉っぱを使った簡単《かんたん》な家で、シェルターと呼《よ》ばれるものだ。

しかし、いざ取りかかると、家を建てるのは大変であることを４人は実感した。力持ちのダイスケはたくさんの枝《えだ》を抱《かか》え上げてズンズンと歩く。

「すごいなあ、ブルドーザーみたいだ」

感心しているジュンイチの運ぶ枝はずいぶん少ない。シンヤにそのことを言われると、「僕《ぼく》は肉体労働はあまり得意じゃないんだ……」とモゴモゴ言った。

「教室のカーテンは取り外せば屋根として使えるかも」作業をしながら、アイコがうれしそうに言った。

「こんな大変なときだけど、秘密基地《ひみつきち》を作っているみたいだ。今まで、何個《こ》も基《き》地《ち》を作ってきたけど、これは最高傑作《さいこうけっさく》だな」とシンヤはやけに楽しそうだ。

　でき上がったシェルターに入ってみると、中は薄《うす》暗くて狭《せま》いし、葉っぱや布《ぬの》で覆《おお》われているだけなのに、安心感は全然違《ちが》う。確《たし》かに「家」という感じがするのだ。

「素《す》っ裸《ぱだか》の状態《じょうたい》から、パンツをはいたときぐらい安心するな」とシンヤが言うと、男の子たちは「わかるわかる」と、うなずいた。

　アイコは「もう、あなたたち下品ね！」と相手にしないことにした。

シェルターを作る

シェルターとは避難《ひなん》所という意味で、風や雨、日差しなどから身を守るための場所だ。長くサバイバル生活をしてゆくには、気持ちよく生活できるシェルターが必要になる。しっかり休息できれば困難《こんなん》な状況《じょうきょう》でも気力がわいてくるはずだ。

場所を決めよう

地面が平らで、きれいな川にほど近く、木陰《こかげ》がある場所がいい。

崖崩《がけくず》れの危険《きけん》。
谷は水はけが悪い。
丘《おか》の上は風が強い。
増水《ぞうすい》したら流される。

気持ちがよさそうでも、雨が降《ふ》ると水が流れてくるような場所に注意。

シートを使ったシェルター

ここに紹介《しょうかい》するのはシートを使ったシェルター。一見頼《たよ》りないが、屋根があるだけで安心感があり、気持ちも落ち着くだろう。簡単に作れるのもポイントだ。

傘《かさ》を使ってすぐに作れるタイプ。

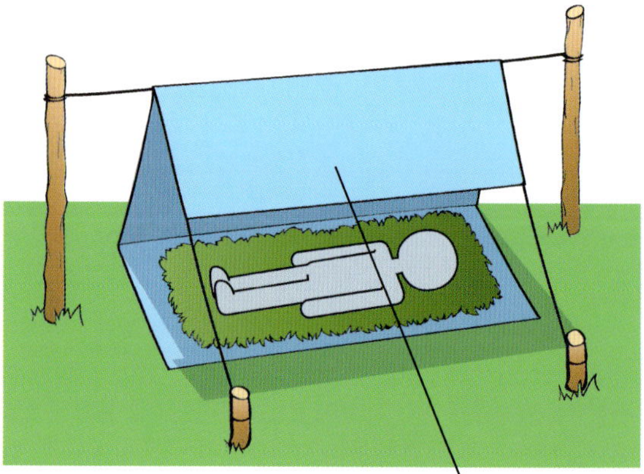

防水性《ぼうすいせい》がなくても目が細かい布《ぬの》を斜《なな》めに張《は》れば雨をかなり防《ふせ》げる。

自然物を使う

木や岩などの自然物をうまく利用すれば立派《りっぱ》なシェルターができる。いざというときのためにもシェルターの作り方を覚えておこう。

激《はげ》しい雨や大吹雪《ふぶき》を避《さ》けるのでなければ、側面が開いているシェルターでも大丈夫《だいじょうぶ》だ。屋根は風や日差しを防《ふせ》げる方向に作ろう。

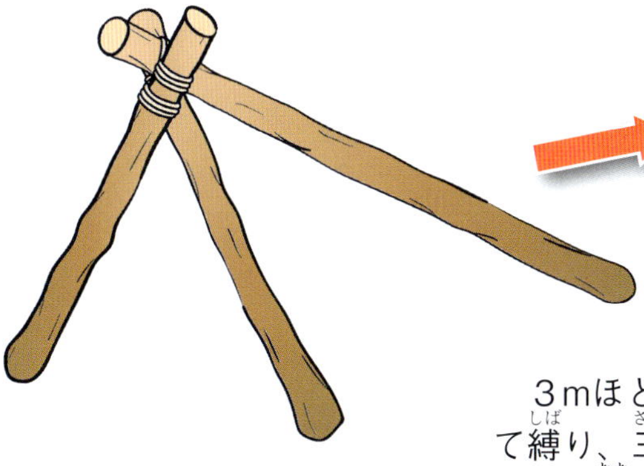

3mほどの木を1本と1mほどの木を2本用意して縛《しば》り、三脚《さんきゃく》のような骨組《ほねぐ》みを作る。葉が付いた枝《えだ》で横を覆《おお》えば完成だ。

地形を利用する

岩陰《いわかげ》を利用したタイプ

湿気がひどい場合は中でたき火をして乾《かわ》かそう。入り口付近に壁《かべ》を作っておくと熱が反射《はんしゃ》して効率《こうりつ》がいい。

穴《あな》を利用したタイプ

屋根を作れば暖《あたた》かい空気が逃《に》げるのを避《さ》けられる。ただし、雨が降《ふ》ると水が流れ込《こ》む可能性《かのうせい》があるので注意。安全のため、屋根に使う木は、崩《くず》れて落ちても自分で持ち上げられる重さのものにしよう。

ハンモックを使ってみよう

ハンモックを使うとゆりかごのように心地よく眠《ねむ》れる。地面に熱を奪《うば》われて冷えることはなく、湿《しっ》気《け》も避《さ》けられて快適《かいてき》だ。上にシートをかければ雨天でも使用できる。ロープをかけるときは丈夫《じょうぶ》で外れにくい場所を選ぼう。ハンモックに乗るときはまずお尻《しり》を乗せ、お尻《しり》を支点《してん》に回転するようにして足を乗せるのがコツ。

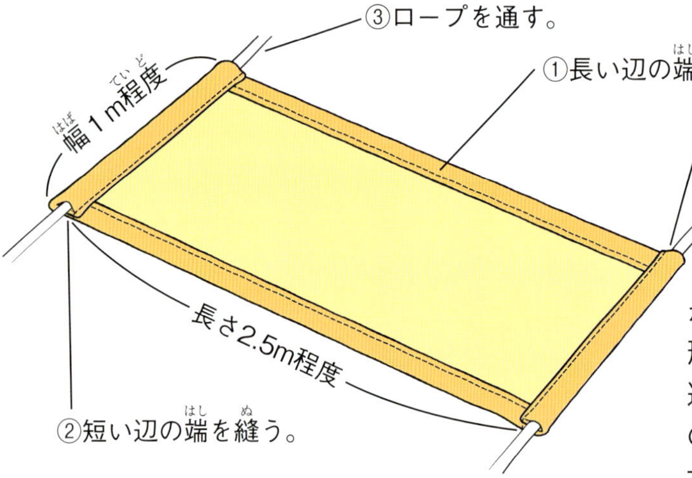

③ロープを通す。
幅《はば》1m程度《ていど》
①長い辺の端《はし》を縫《ぬ》う。
長さ2.5m程度
②短い辺の端《はし》を縫《ぬ》う。

端《はし》を折り込《こ》む。

布《ぬの》とネットの２タイプがあるが、作るのは布《ぬの》の方が簡単《かんたん》。長方形の布《ぬの》の四方を縫《ぬ》い、ロープを通せば完成だ。人が乗るものなので頑丈《がんじょう》に作ること。縫《ぬ》い糸も太いものを使おう。大きく作れば２～３人で使うこともできる。

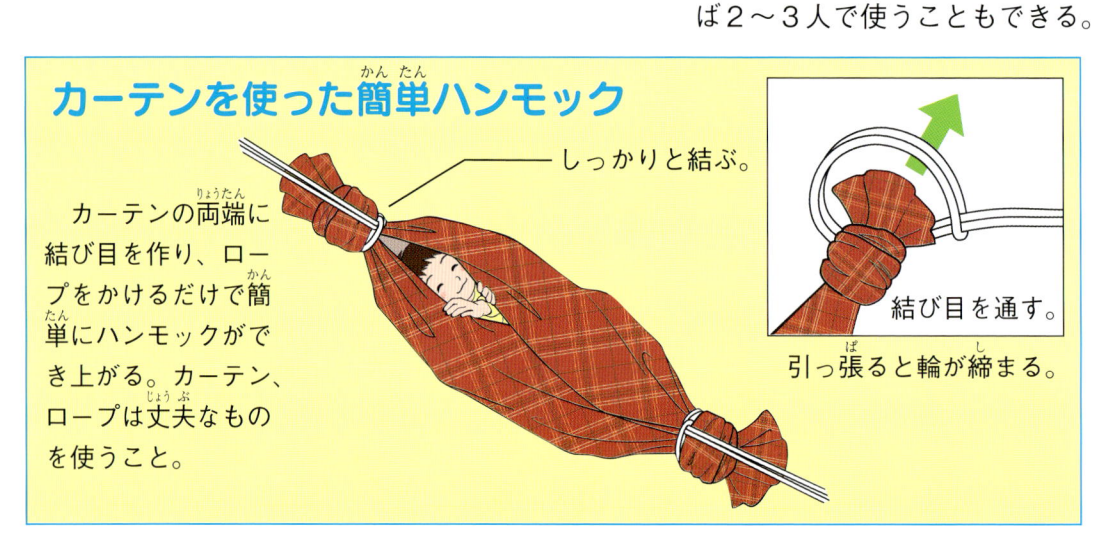

カーテンを使った簡単《かんたん》ハンモック

カーテンの両端《りょうたん》に結び目を作り、ロープをかけるだけで簡《かん》単《たん》にハンモックができ上がる。カーテン、ロープは丈夫《じょうぶ》なものを使うこと。

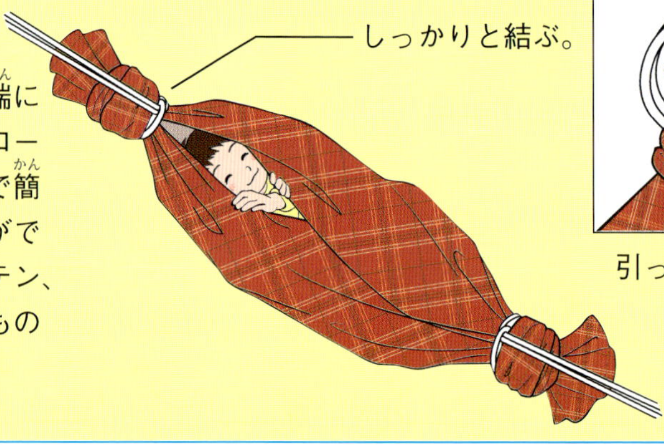

しっかりと結ぶ。

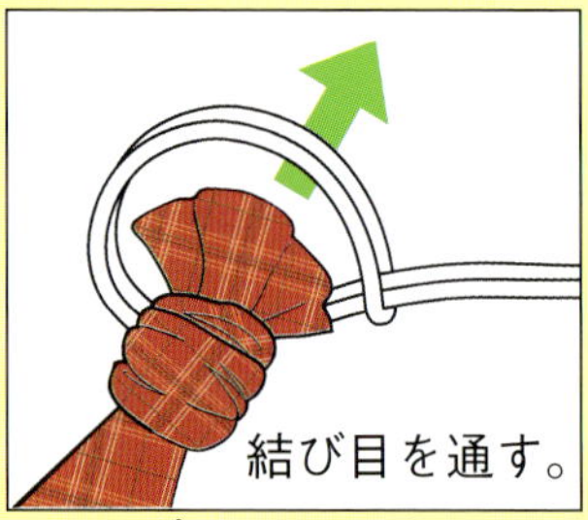

結び目を通す。

引っ張《ぱ》ると輪が締《し》まる。

安眠《あんみん》するための工夫

地面に直接《ちょくせつ》寝《ね》ると体温を奪《うば》われるし、水分でぬれるので隙間《すきま》を作る。

草や枯《か》れ葉をのせてクッションにすれば寝心地《ねごこち》がよい。

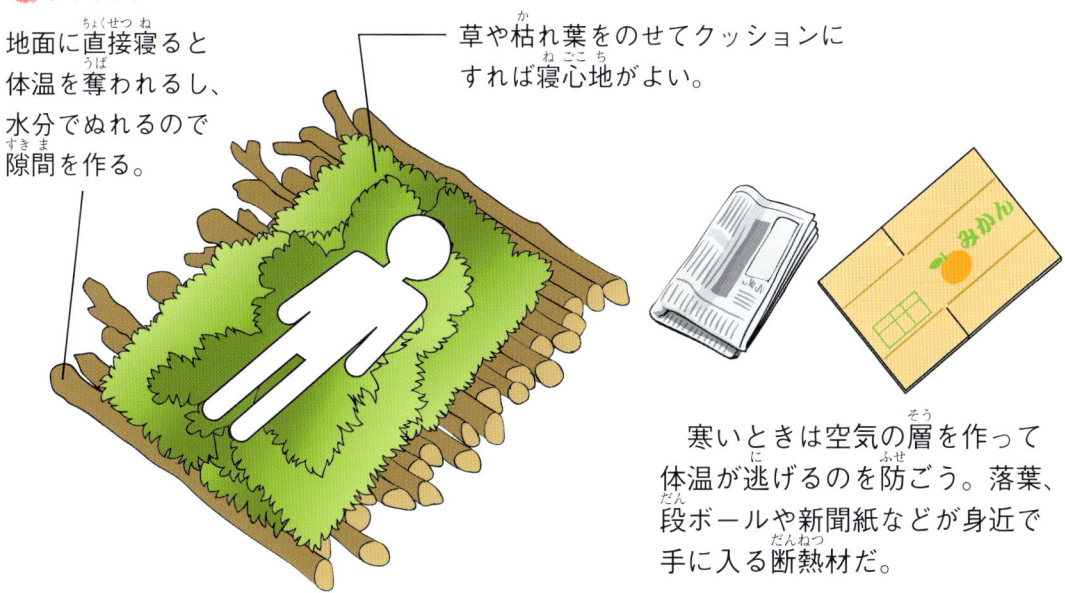

寒いときは空気の層《そう》を作って体温が逃《に》げるのを防《ふせ》ごう。落葉、段《だん》ボールや新聞紙などが身近で手に入る断熱《だんねつ》材だ。

実は重要なトイレ

野外で長期間暮《く》らすのならトイレ問題は避《さ》けて通れない。排《はい》せつ物を放置すると不快《ふかい》なのはもちろん、伝染病《でんせんびょう》などのおそれもある。

杉《すぎ》の葉はにおい消しに使える。

手を洗《あら》うための水。

使用後に土をかぶせる。

たくさんの人が使うなら図のような覆《おお》いが必要。使用中を知らせる札も役に立つ。

トイレの位置について

生活の場からは少し離《はな》す。シェルターより高い場所だと雨天時に大変なことに。川に近すぎると水を汚《よご》すので避《さ》けよう。

紙はどうする？

トイレットペーパーの代用品に向いているのは大きくて使いやすいフキの葉などだ。

対決！ アイコとシンヤ

「絶対《ぜったい》にやだ！」
いつも穏《おだ》やかなアイコが珍《めずら》しく強い口調で言った。
シンヤが捕《つか》まえてきたウサギを食べることを拒否《きょひ》しているのだ。
「学校の飼育《しいく》小屋にもいるウサギだよ。残酷《ざんこく》と思わないの？　シンヤはおなかが減《へ》ったら、ソラも食べちゃうんでしょ！　私《わたし》は自分で採《と》った果物だけでいい！」
「なんだよ、すっごい苦労して捕《つか》まえたのに。じゃあ食べなくていいよ！　僕《ぼく》もそんな果物なんていらないよ！」
ジュンイチとダイスケはどちらの味方もできずにオロオロしていたが、やがて、２人はアイコとシンヤに向かって話し始めた。

ジュンイチは静かに言った。「人間って、いろんなものを食べないと栄養のバランスが崩《くず》れちゃうんだ。僕《ぼく》たち５人といっしょだよ。いろんなメンバーがいて、バランスがとれる。──今はユキがいないけどね」

「僕《ぼく》は人よりたくさん食べるけど、絶対《ぜったい》に残さない。だって食べ物に申し訳《わけ》ないから。感謝《かんしゃ》の気持ちを持って必要な分を食べるのは、残酷《ざんこく》とは違《ちが》うと思うんだ。食べるって、生きることにつながっているから」とダイスケがポツリと言った。

　それを聞いたアイコとシンヤはどちらからともなくお互《たが》いに謝《あやま》った。

「わかったわ、なんでも食べてがんばるわ。家に帰る前にこんなところで飢《う》え死にするわけにはいかないもの」

「僕《ぼく》もだ。腹《はら》ぺこじゃ元気が出なくてユキも探《さが》せないし」

食べられる動物

昔は自然の中の動物をとって食べていたけれど、今は動物の数が減《へ》ってしまい、鳥やウサギなどのほ乳《にゅう》動物を勝手に捕《つか》まえることはできない。でも、食用ガエルやニワトリを食べる方法や、そのほかの食べられる動物を覚えておくと、いざというときに役に立つ。

魚

焼けば、フグなどを除くほとんどの魚が食べられる。首に切れ目を入れて血を抜《ぬ》き、えらを切り取り、ウロコを取り内臓《ないぞう》を抜《ぬ》く。

カニ

死ぬとすぐに腐《くさ》り始めるので注意。十分に火を通して食べないと食中毒の危険《きけん》がある。内臓《ないぞう》とエラは食べない。

ザリガニ

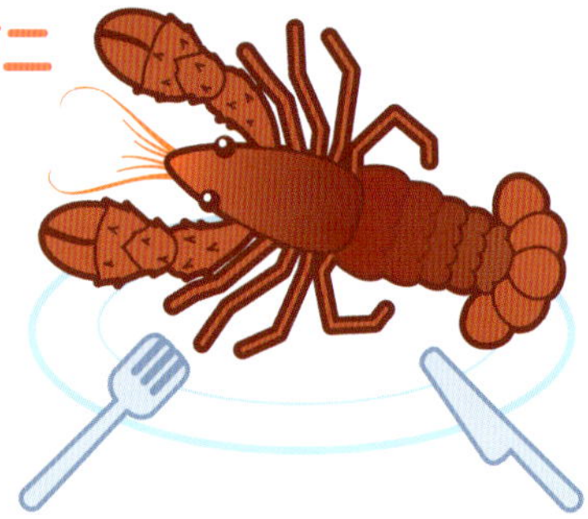

数日間エサをやらずにきれいな水に入れて泥《どろ》を吐《は》かせ、しっぽの肉をゆでて食べる。エビのような味がする。

寄生虫《きせいちゅう》に注意

ほとんどの野生動物には寄生虫《きせいちゅう》がいる。たとえばザリガニには人間に結核《けっかく》に似《に》た症状《しょうじょう》を引き起こす肺吸《はいきゅう》虫《ちゅう》が寄生《きせい》している。動物は絶対《ぜったい》に生では食べず、必ずゆでるか火を通す。できれば手や調理器具なども洗《あら》って、熱湯《ねっとう》などで殺菌《さっきん》しておきたい。

ニワトリのしめ方

足をひもでしばって逆さに吊《つ》るし、首の頸動脈《けいどうみゃく》を切って血を抜《ぬ》く。血が飛び散らないように首を押《お》さえること。80℃ぐらいのお湯に数秒つけて手で羽をむしる。腹《はら》を切って内臓《ないぞう》を取り出す。腸からふんが漏《も》れて肉に付かないように注意する。

貝類

きれいな水（海の貝なら海水）につけ、砂《すな》を抜《ぬ》いてから煮《に》る。水が汚《よご》れている場所で採《と》れたものは食べない。

カエル

食用ガエルは、頭を切って、皮をはいで内臓《ないぞう》を抜《ぬ》き、焼いて食べる。とり肉《にく》のような味がする。

バッタ類

羽、触角《しょっかく》、足のとげを取り除《のぞ》き火であぶるか煮《に》て食べる。揚《あ》げてもよい。特にイナゴは昔から貴重《きちょう》な食料だった。

ザザムシ

カワゲラやトビケラなどの幼虫《ようちゅう》で、渓流《けいりゅう》の石の裏《うら》にすんでいる。油で揚《あ》げたり、佃煮《つくだに》にしたりして食べる。

世界に見られる昆虫食《こんちゅうしょく》

ゲテモノの代表のように扱《あつか》われる虫だけど、実は昔から人類の重要な食料だった。現在《げんざい》でも虫を食べる食習慣《しょくしゅうかん》は世界中にあり、長野県近辺ではハチの幼虫やイナゴの缶詰《かんづめ》がスーパーで売られているし、タイではタガメが、韓国《かんこく》ではカイコのサナギなどが普通《ふつう》に食べられている。また、古代ギリシアの有名な哲学《てつがく》者、アリストテレスも「セミはおいしい」と書き残しているのだ。

食べられる植物

自然の中で一番簡単《かんたん》に手に入る食べ物は野草や木の実などだ。採《と》れる時季と場所を知っておけば、誰《だれ》でも安全に収穫《しゅうかく》できる。ふだん食べている野菜や果物などとは違《ちが》うワイルドな味がするものが多いけれど、一度は食べてみる価値《かち》がある。

イタドリ（春）

水分が多くすっぱい味が特徴《とくちょう》で、茎《くき》の皮をむけばそのまま食べられる。あくを抜《ぬ》いてサラダにするのもいい。

ノビル（春、根は一年中）

若《わか》い葉と丸い根が生で食べられて、炒《いた》めものや天ぷらにするとおいしい。ニラやネギの仲間で、味も似《に》ている。

フキ（春から初秋）

葉の柄《え》の部分をあく抜《ぬ》きし、皮をむいて食べる。早春に出てくるフキノトウは刻《きざ》んでみそ汁《しる》の具などにする。

ワカメ（春）

海藻《かいそう》は食べられるものが多い。海岸に打ち上げられたものではなく、海中に生えているものを煮《に》て食べる。

ワラビ（春～夏）

山地で見られる代表的な山菜。葉が開いていない若《わか》い芽をつんで灰《はい》で煮《に》てあく抜《ぬ》きし、お浸《ひた》しや塩漬《づ》けにして食べる。

毒のある植物に注意！

種類がわからない植物は食べないのが鉄則《てっそく》だ。味がまずいだけならいいが、トリカブトなど命にかかわる毒を持つものもある。キノコは専門家《せんもんか》でも間違《まちが》いやすいので特に注意しよう。

キイチゴ（初夏）

低い山や野原などで広く見られ、５月ごろに黄色や赤色の実がなる。そのままでも食べられるし、ジャムにしてもおいしい。

あくの抜《ぬ》き方

多くの野草には“あく”といわれる苦みがあるので、少量の塩を入れた熱湯で少しゆでてから、冷水にさらしてあくを抜《ぬ》く。あくが強いものは、スプーン１～２杯《はい》の広葉樹《こうようじゅ》の木の灰《はい》や重曹《じゅうそう》を熱湯に入れて煮《に》る。

やってみよう　ドングリクッキーを作る

手に入れやすく保存《ほぞん》もきくドングリはかつて貴重《きちょう》な食料だった。今では、キャンプや自然観察会などの行事でよく食べられている。

クヌギのドングリ

よく乾《かわ》かして、殻《から》を割《わ》って薄皮《うすかわ》を取り除《のぞ》く。

何度か水を取り替《か》えながら煮《に》て、あくを抜《ぬ》く。

すり鉢《ばち》などで細かくすりつぶす。

小麦粉やバターなどを混《ま》ぜて15分ほど焼くとクッキーができる。

割合《わりあい》：ドングリ100gに対して小麦粉20g、砂糖《さとう》10g、卵白《らんぱく》大さじ２杯《はい》程度《ていど》。

ドングリ

多くのドングリにはタンニンという苦み成分が含《ふく》まれているのであく抜《ぬ》きが必要だ。落葉樹《らくようじゅ》のクヌギやナラ類はあくが強いが、常緑樹《じょうりょくじゅ》のスダジイやマテバシイなどはあくが少なく、生のままでも食べられる。

漁をする

日本は海に囲まれ、古くから稲作《いなさく》のために水路やため池などを開発してきたため、海でも川でも漁が盛《さか》んだった。ここでは大切な食料となる魚を捕《つか》まえる方法を紹介《しょうかい》する。また、ナイフの扱《あつか》い方や弓矢などの知識《ちしき》もいっしょに知っておこう。

魚を捕《と》る

海、川に限《かぎ》らず、魚は比較的《ひかくてき》捕《つか》まえやすく、調理もしやすい。さまざまな漁の方法を知っておこう。

釣《つ》り針《ばり》を作る

安全ピンや草のとげからも釣《つ》り針《ばり》を作れる。まっすぐな形の釣《つ》り針《ばり》はエサで周りをくるみ、魚に丸のみさせる。

ペットボトルを使ったわな

ペットボトルを２つに切って重ねて水に沈《しず》めれば簡単《かんたん》な魚捕《と》りのわなが作れる。魚は狭《せま》い出口から出てゆくのを嫌《いや》がる性質《せいしつ》を利用している。

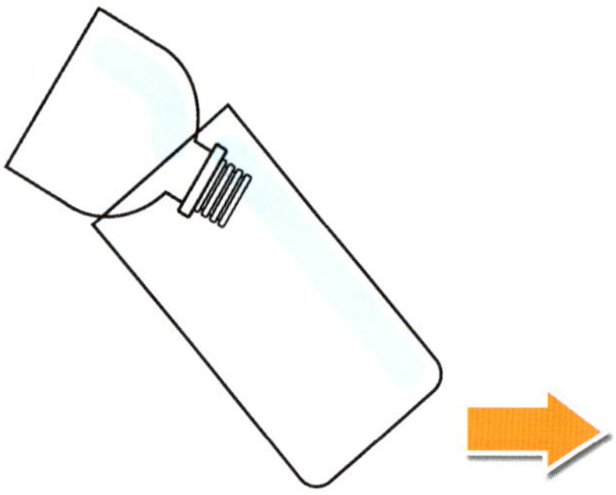

潮《ちょう》位《い》の差を利用する

干潮時《かんちょうじ》に石を並《なら》べてプールを作る。満潮時《まんちょうじ》に入った魚は干潮《かんちょう》になると閉《と》じ込《こ》められる。干満《かんまん》の差が大きい新月や満月のときがよい。

むやみな狩猟《しゅりょう》は厳禁

日本では鳥獣保護法《ちょうじゅうほごほう》によって狩猟《しゅりょう》期間や狩猟可能《しゅりょうかのう》な動物の種類などが定められ、野生動物をむやみに捕《つか》まえることは禁じられている。また、わなや網《あみ》を仕《し》かけるには免許《めんきょ》が必要。

弓矢の作り方

矢は危険《きけん》なので、絶対《ぜったい》に人のいる方向に向《む》けて放ってはいけない。弓矢を使うときは、空き缶《かん》などをまとにしよう。

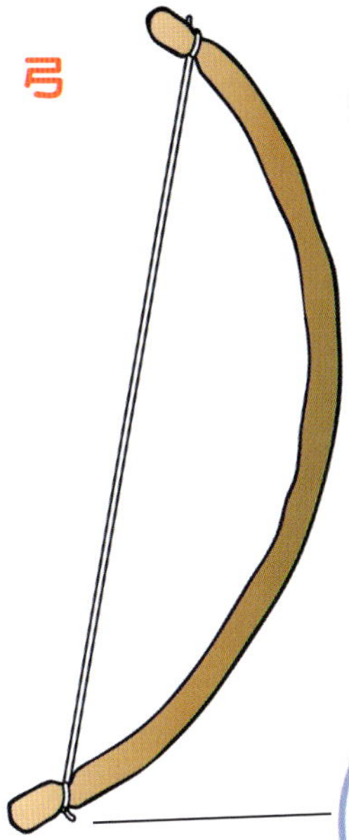

まっすぐで握《にぎ》りやすい太さで、弾力《だんりょく》のある枝《えだ》が適している。両手を広げたぐらいの大きさがよい。

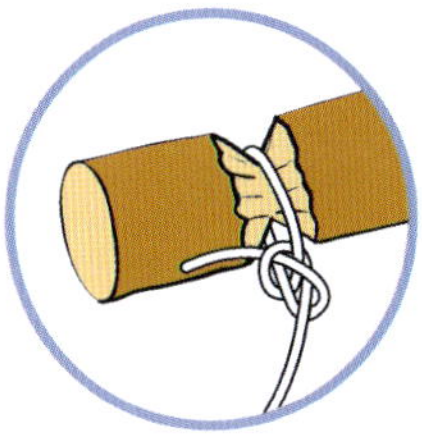

両端《りょうたん》を削《けず》り、弦《げん》をかける「弓《ゆ》はず」を作る。

矢の先は麻《あさ》ひもを何重にも巻《ま》いて補強《ほきょう》する。(実際《じっさい》に狩《か》りに使うものは石や骨《ほね》などをつけている)

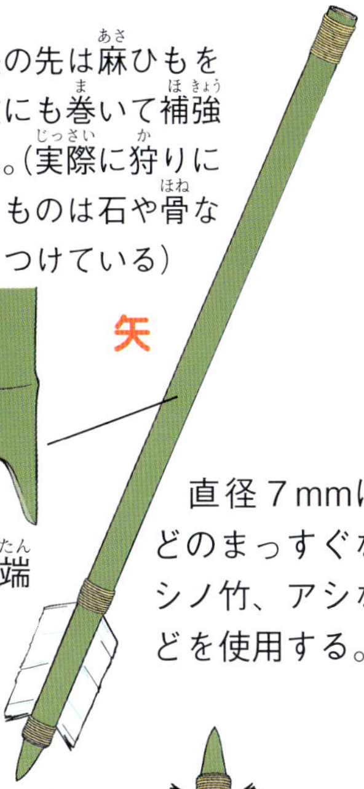

直径７mmほどのまっすぐなシノ竹、アシなどを使用する。

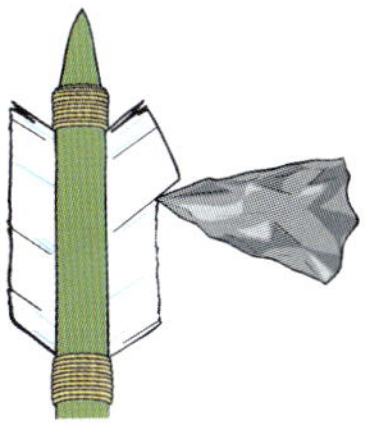

竹を割《わ》り、羽根や葉っぱを差し込《こ》む。上下をしっかり巻《ま》いてにかわや樹脂《じゅし》で固める。羽根は切りそろえる。

ナイフの使い方

木を削《けず》ったり、ロープを切ったり、魚を調理したり、ナイフは何かと役に立つ。安全で正しい使い方を覚えておこう。

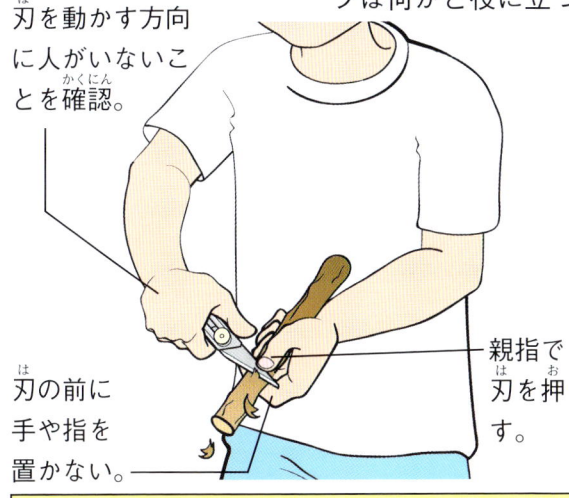

刃《は》を動かす方向に人がいないことを確認《かくにん》。

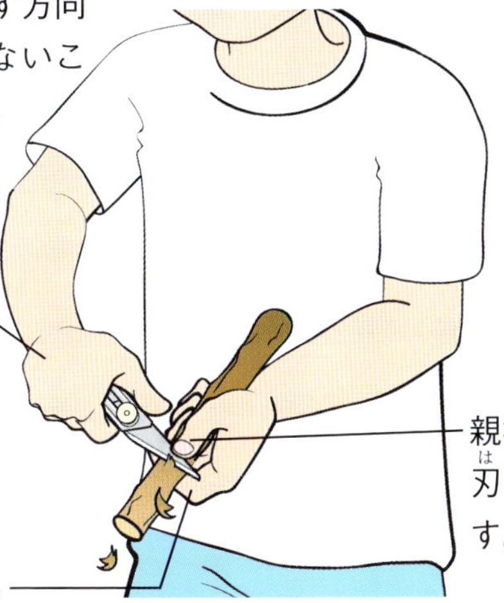

親指で刃《は》を押《お》す。

刃《は》の前に手や指を置かない。

> **注　意**
>
> **★カッターナイフは刃《は》が折れる危険《きけん》がある**
>
> **★使った後は汚《よご》れを拭《ふ》き取る**
>
> **★人に渡《わた》すときは刃先《はさき》を向けない**

肥後守《ひごのかみ》

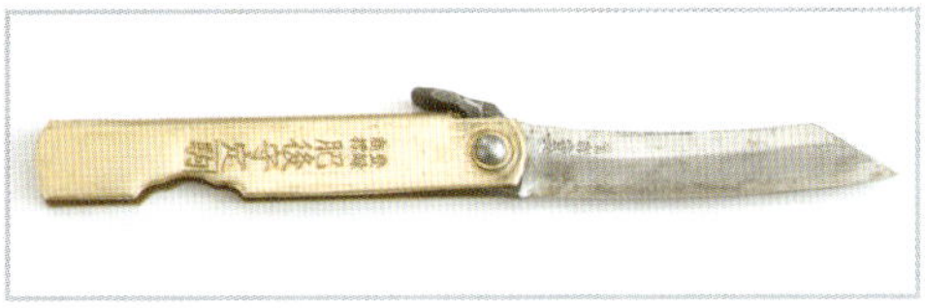

昔から使われているシンプルなナイフ。刃《は》を固定する仕組みがない。

クラフトナイフ

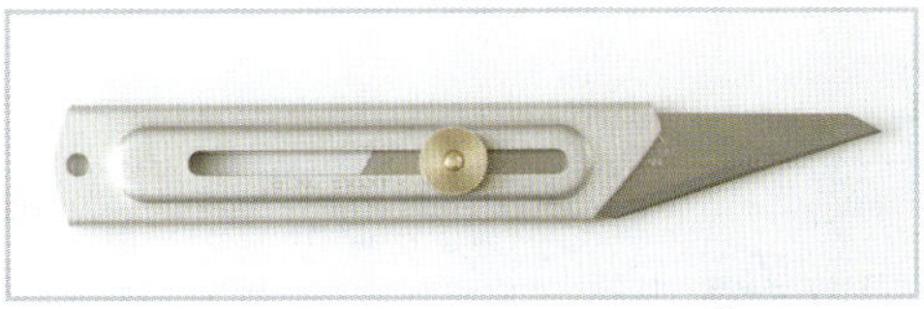

工作用のナイフで、ねじで刃《は》を固定する。文房具《ぶんぼうぐ》店などで買える。

星が降《ふ》る夜の浜辺《はまべ》で

　ジュンイチが夜空を見ていると、「何してるの？」とアイコが声をかけた。
「ああ、星の位置からこの島がどのあたりにあるのかを考えていたんだ」
「そんなことがわかるの？」
「だって、昔の人は星を頼《たよ》りに航海していたんだ。空って、僕《ぼく》たちが思っているより多くのことを教えてくれるんだよ」
「さすが！ よく知ってるね。それで、私《わたし》たちは今どこにいるの？」
「えーっと、北斗《ほくと》七星が見えるってことは、北半球だな。南の方にいることは確《たし》かだけど、赤道近くってほどでもなさそうかな…」

「ねえ、今気づいたんだけど、星がすっごくきれい！　こうやって空を見てると宇宙《うちゅう》にいるみたい」砂浜《すなはま》に横になったアイコが歓声《かんせい》を上げた。

シンヤとダイスケも寝《ね》転がった。「すごい！」「ほんとだ」

「確《たし》かにね。でも、肉眼《にくがん》で見ることができるのはせいぜい６等星ぐらいだね。それ以上は空気中の水蒸気《すいじょうき》やちりなどの影響《えいきょう》で見えにくくなるんだ、でも、高度600kmの軌道《きどう》に浮《う》かんでいるハッブル宇宙《うちゅう》望遠鏡なら31等星まで……」とジュンイチが語り始めた。

「そういう話題だと夢中《むちゅう》だね」アイコはその横顔を見てほほ笑み、まだまだ続きそうな話に耳を傾《かたむ》けた。

　そのころ、シンヤとダイスケはすでに大いびきをかいていた。

空から情報《じょうほう》を得る

「北の方角はどっち？」といきなり聞かれると、戸惑《とまど》う人が多いだろう。でも太陽や星の位置などを観察するとおおよその方角がわかる。そのほかにも雲の様子から天気を予測《よそく》できるなど、空からは多くの情報《じょうほう》を得られるのだ。

北を見つける

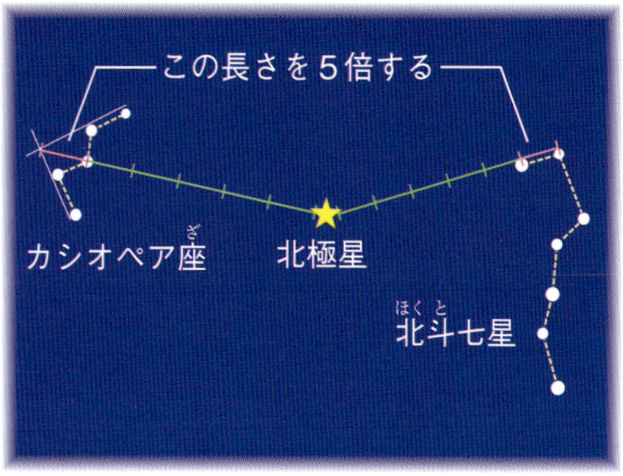

北半球（地球を赤道で南北に分割《ぶんかつ》した北半分）では、カシオペア座《ざ》や北斗《ほくと》七星が見えればつねに北の方角にある北極星の位置がわかる。暗い星（２等星）なので、目を凝《こ》らして探《さが》そう。

南を見つける

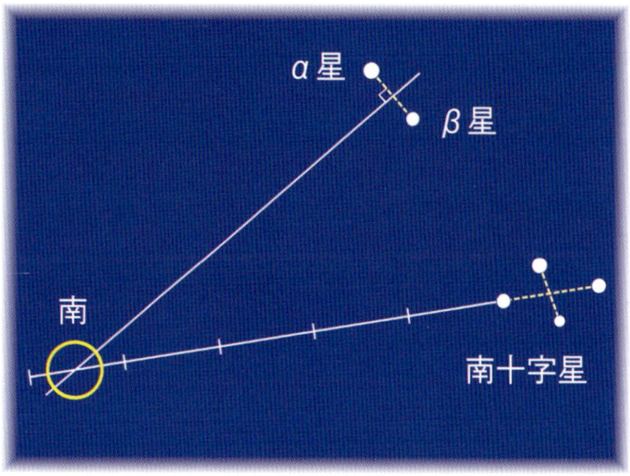

南半球では北極星のような星はないが、南十字星の十字の縦《たて》の長さを4.5倍すると南がわかる。ケンタウルス座《ざ》のα星とβ星の中間からまっすぐに伸《の》ばした線との交点でもいい。

影《かげ》で方角を知る

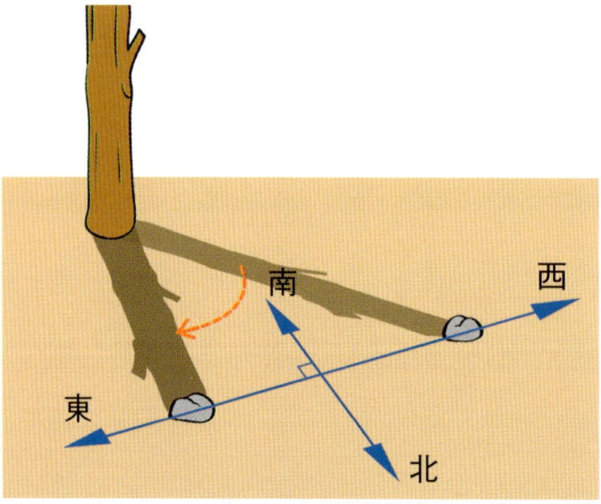

平らな地面に棒《ぼう》を垂直《すいちょく》に立てる。棒《ぼう》の影《かげ》の先端《せんたん》に小石を置くなど印を付ける。15分以上待ち、移動《いどう》した影《かげ》の先端《せんたん》に印を付ける。この２点を結んだ線が東西を指し、南北はこの線に直角となる。

腕時計《うでどけい》で方角を知る方法

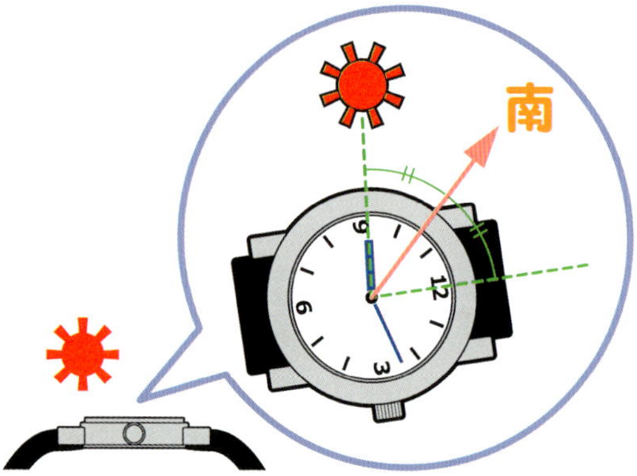

時計を水平にして、短針《たんしん》を太陽に向ける。短針《たんしん》と12時の中間の方向が南になる。この方法は太陽が真上にあると使いづらく、季節によって多少のずれがでる。

即席のコンパスを作る

針《はり》を磁石《じしゃく》でこすると、磁気《じき》を帯びて南北を指すようになる。磁石《じしゃく》のＳ極で針《はり》の先をこすればこすった先がＮ極になり、北を指す。

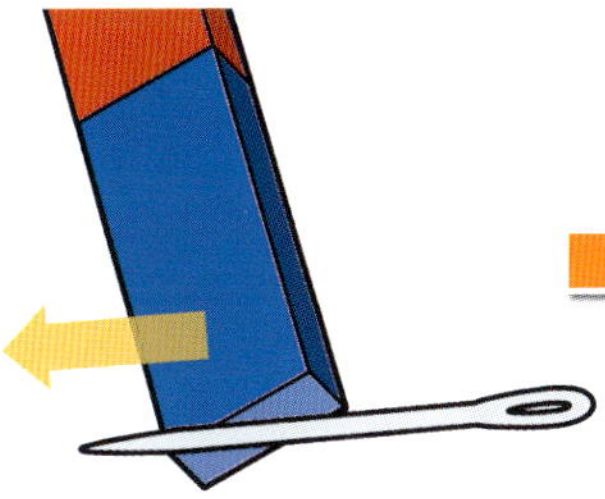

磁石《じしゃく》のＳ極で針《はり》を一方向に何度もこすると、針《はり》が磁石《じしゃく》になる。

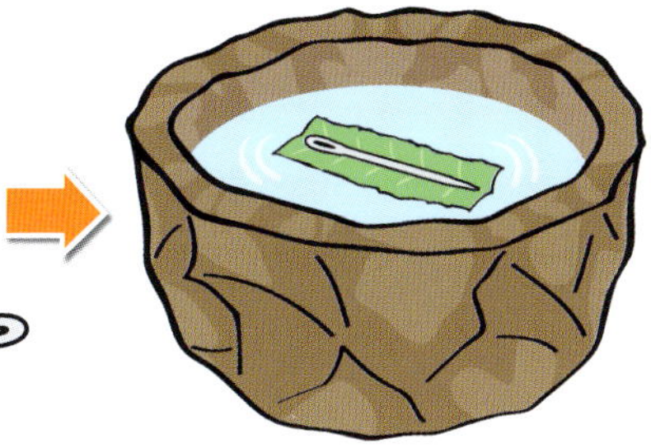

細長く切った葉の上に針《はり》を置いて水に浮《う》かべる。金属《きんぞく》の容器《ようき》は避《さ》ける。

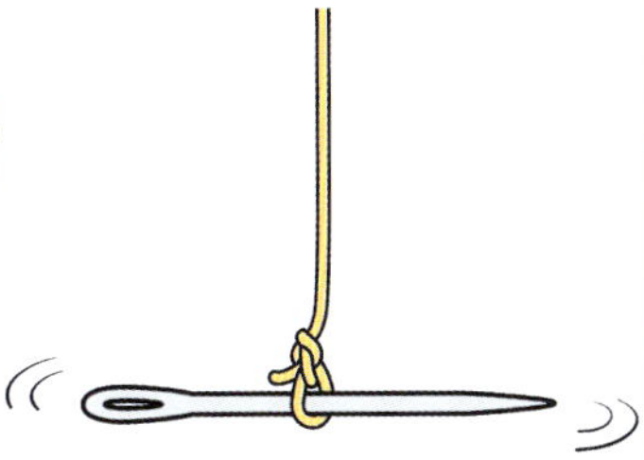

糸でつるしてもよい。

観天望気《かんてんぼうき》

雲や自然の様子から天気を予測することを観天望気《かんてんぼうき》という。野外での活動は天気に大きく左右されるので、こうしたサインを見逃《みのが》さないようにしよう。

うろこ状《じょう》の雲は雨

うろこ状《じょう》またはさざ波状《じょう》の雲(巻積雲《けんせきうん》)が空いっぱいに広がったときは雨になる確率《かくりつ》が高い。

山にかかる雲は雨

山の付近にレンズのような雲（かさ雲）がかかると、天気が悪くなるきざし。

飛行機雲が残ると雨

飛行機雲が次第に厚《あつ》くなり、周りの雲も厚《あつ》くなって低く下がってきたときは雨が多い。

太陽にかかるかさは雨

太陽にかさがかかり、低いところに浮《う》かんだ雲が、南から北に流れるときは雨が近い。

夕焼けは晴れ

日が落ちて雲が消えたら晴れに、夕焼けが黒ずんでいるときは雨になることが多い。

自然って厳《きび》しい？

４人が食料探《さが》しに出かけたときだった。

先頭に立って元気よく歩いていたソラがいきなり立ち止まってうなり始めた。ソラに追いついたアイコは凍《こお》りついた。

毒どくしいまだら模様《もよう》のあるヘビがやぶの中から姿《すがた》を見せたのだ。

「こんなヘビ見たことない。ど、毒ヘビ？」

「この模様《もよう》はハブかもしれない。みんな、下がれ！」とシンヤは前に出て弓矢を構《かま》え、鋭《するど》くヘビをにらみつけた。

しかし、このにらみ合いはすぐに終わった。ヘビは攻撃《こうげき》してくる様子もなく、「うるさいな……」とでもいうように向きを変えてスルリとやぶの中に吸《す》い込《こ》まれていった。

「ああ驚《おどろ》いた。もしハブにかまれたら血清がないから治療《ちりょう》もできない。死んじゃうかも……」ジュンイチの言葉を聞いて、４人は沈黙《ちんもく》した。

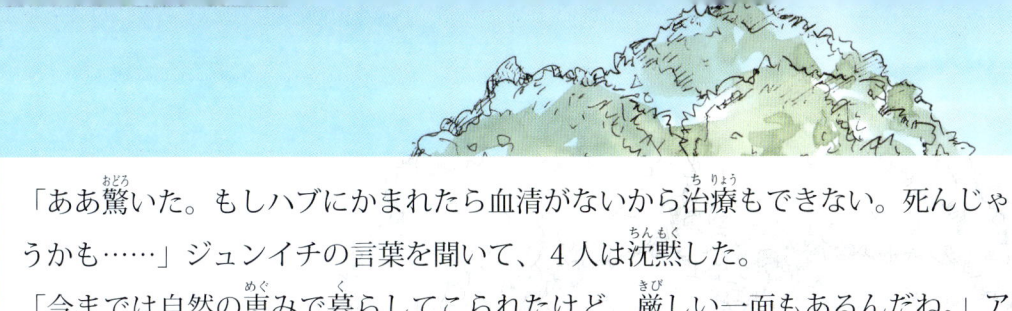

「今までは自然の恵《めぐ》みで暮《く》らしてこられたけど、厳《きび》しい一面もあるんだね。」アイコが言うと、ダイスケが答えた。「厳《きび》しいとか優《やさ》しいとかっていう言い方はちょっと違《ちが》うかもしれない。だって自然は人じゃないから、性格《せいかく》や人柄《ひとがら》みたいなものは当てはまらないよ」

「そう。だから言うことを聞かせることも、ご機嫌《きげん》を取ることもできない。僕《ぼく》たちは自然について、よく知っておかないといけないな。この島で生きてゆくためには」

　シンヤの言葉に３人は深くうなずいた。

海の危険《きけん》

海中では自由に動けないし、水の中ではものが大きく見えるので、危険《きけん》な生物に出会うと必要以上に怖《こわ》がってしまいがち。でも攻撃的《こうげきてき》な生物はほとんどいないのでまずは落ち着こう。パニックを起こすと足が着く場所でもおぼれてしまう可能性《かのうせい》があるのだ。

ガンガゼ

暖《あたた》かい海の沿岸《えんがん》に生息する。毒のあるとげに刺《さ》されると激《はげ》しく痛《いた》む。トゲは折れやすく皮膚《ひふ》内に残ることも。

ハブクラゲ

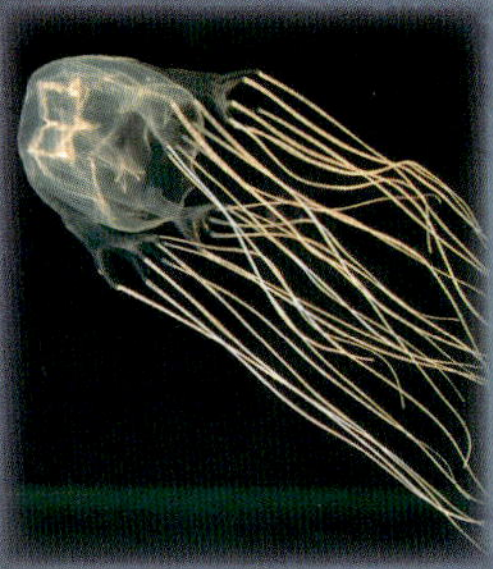

ハブの名にふさわしい強い毒を持ち、死亡例《しぼうれい》もある。沖縄《おきなわ》地方に分布し、水深が浅い場所にもいて半透明《はんとうめい》で見つけづらい。

イモガイ

温帯や熱帯に生息する貝で、大きさは10cm程度《ていど》。毒入りのもりを発射《はっしゃ》する。毒は非常《ひじょう》に強く、死亡例《しぼうれい》もある。

アカエイ

浅い海の砂《すな》の中に生息し、砂浜でもよく見られる。しっぽの背面《はいめん》に毒のとげがある。刺《さ》されると激痛《げきつう》が走り、死亡例《しぼうれい》もある。

磯《いそ》では転倒《てんとう》注意！

磯《いそ》ではたくさんの生き物を見つけられるが、ぬれた岩や海藻《かいそう》などで、足元が滑《すべ》りやすい。貝殻《かいがら》やフジツボの上で転倒《てんとう》すると大けがをすることもあるので、水にぬれてもよいしっかりとした靴《くつ》を履《は》いて慎重《しんちょう》に移動《いどう》しよう。軍手をはめれば手をつくことができて安全だ。

ヒョウモンダコ

10cm程度《ていど》の小さいタコだがフグと同じ毒を持ち、かまれると非常《ひじょう》に危険《きけん》。主に九州、沖縄《おきなわ》など暖《あたた》かい海に生息している。

サメ

大半は外洋にいるが、浅瀬《あさせ》に来ることもある。水面でもがくことや出血、排《はい》せつ物はサメを引きつけてしまう。

オコゼ

熱帯・亜《あ》熱帯の浅い海にすみ、背《せ》中《なか》のとげには毒がある。海底の砂《すな》に埋《う》まっていることがあるので踏《ふ》みつけないように注意。

ウミヘビ

海に適応《てきおう》したヘビで主に熱帯・亜《あ》熱帯に生息する。性質《せいしつ》はおとなしいものが多いが、毒は強力で死亡例《しぼうれい》もある。

ウツボ

毒はないが歯が鋭《するど》く、かまれると深い傷《きず》を受ける。攻撃性《こうげきせい》は低いが、釣《つ》りでかかったときなどは注意しよう。

離《り》岸《がん》流《りゅう》の危険

海岸では岸から遠ざかる流れ(離岸流《りがんりゅう》)が発生することがあり、巻《ま》き込《こ》まれると危険《きけん》。外洋に面していて遠浅で海岸線が長いところで発生しやすい。この流れはとても速く、逆《さか》らって泳ぐのは難《むずか》しい。離岸流《りがんりゅう》の幅《はば》は10 ～ 30m程度《ていど》なので、まず落ち着いて、海岸と並行《へいこう》に泳いで流れから脱出《だっしゅつ》し、それから岸に向かおう。

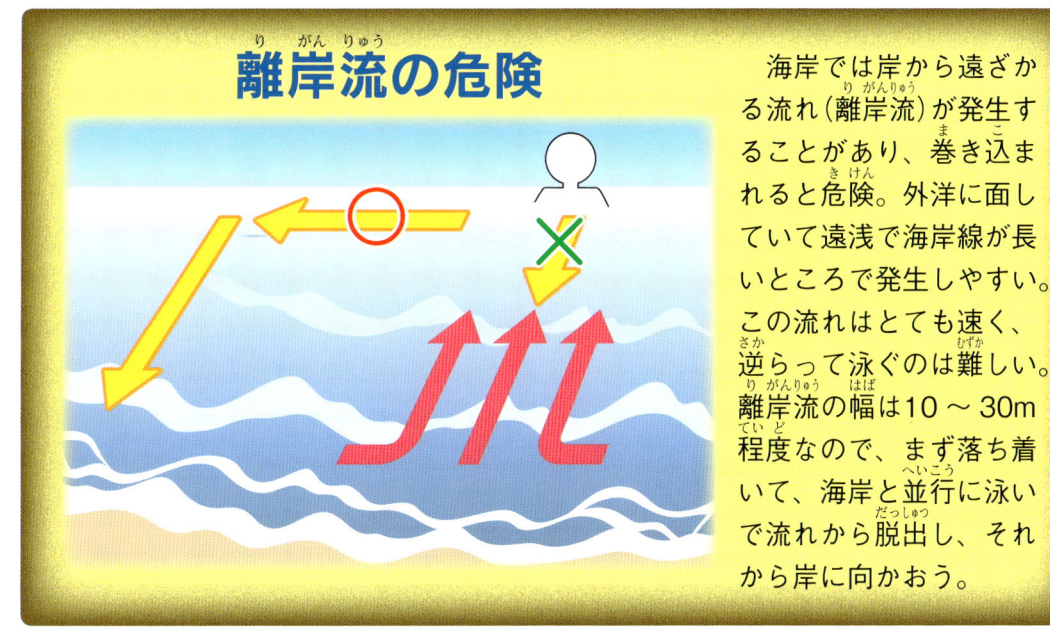

山野の危険《きけん》

日本にすむ危険な動物といえばクマが思い浮《う》かぶが、山野には有害な虫が多く生息していて毒ヘビも数種類いる。また、地形や天候の変化による危険《きけん》も大きい。人里とは状況《じょうきょう》がかなり違《ちが》うことを忘《わす》れないようにしよう。

ムカデ

あごに毒があり、かまれるとハチに刺《さ》されたような痛《いた》みが走る。夜行性《やこうせい》で家やテントに侵入《しんにゅう》してくることも。

クマ

クマに遭遇《そうぐう》したらやみくもに逃《に》げず、振《ふ》り向かずに後ろに下がる。大きな音を立てていれば近寄《ちかよ》ってこない。

ヤマビル

湿《しめ》った場所に生息し、足下からはい上がり血を吸《す》う。長めの靴下《くつした》をはき、服に隙間《すきま》を作らないこと。取り除《のぞ》くには火や塩を近づける。

オオスズメバチ

姿勢を低くして静かに逃《に》げること。黒い服や激《はげ》しい動きはハチを引きつけるので注意。9月の繁殖《はんしょく》期は特に危険《きけん》だ。

日本で一番危険《きけん》な動物はなに？

スズメバチによる日本国内の死亡《しぼう》者は毎年数十人に上り、クマや毒ヘビよりもはるかに多い。これはアナフィラキシーショックという、ハチ毒に対するアレルギー反応《はんのう》によるものがほとんど。過去《かこ》にハチに刺《さ》されたことがある人は要注意なのだ。

チャドクガ

毒針毛《どくしんもう》という毛が全身に生えていて、皮膚炎《ひふえん》を引き起こす。毒針毛《どくしんもう》は成虫やさなぎ、卵《たまご》にもある。

マムシ

田や湿地《しっち》、沢《さわ》などで見られる。かまれると激《はげ》しい痛《いた》みと腫《は》れがある。かまれたら毒を吸《す》い出しすぐに病院へ。

ハブ

南西諸島《しょとう》に生息し、強い神経《しんけい》毒を持ち性質《せいしつ》が荒《あら》い。木の上にいたり、人家に侵入《しんにゅう》したりすることもある。

ウルシ

触《さわ》って数時間すると赤く腫《は》れて湿《しっ》しんのような状態《じょうたい》になる。長袖《ながそで》、長ズボンで素肌《すはだ》を隠《かく》そう。

鉄《てっ》砲《ぽう》水《みず》

豪雨《ごうう》時に土砂や流木で川の上流がせき止められた後に、水が鉄砲《てっぽう》のような猛烈《もうれつ》な勢《いきお》いで流れることがある。これが鉄砲水《てっぽうみず》だ。川の水が急ににごったり、水位が急に下がったりするのが前兆なので、すぐに避難《ひなん》すること。下流では雨が降《ふ》っていなくても発生する。

落《らく》雷《らい》

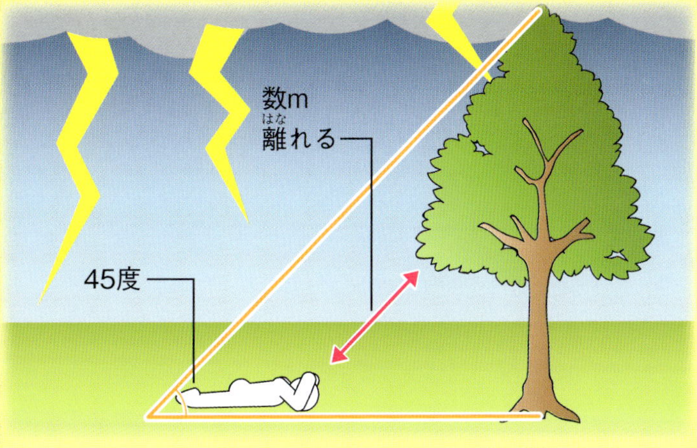

45度の角度で木を見上げる位置は比較的《ひかくてき》安全。

山の天気は変わりやすく、落雷《らくらい》も突然《とつぜん》襲《おそ》ってくる。春や夏は特に多い。危険《きけん》を感じたら姿勢《しせい》をできるだけ低くし、くぼ地などに逃《に》げ込《こ》もう。グループでいる場合は、メンバー同士が５m以上離《はな》れること。

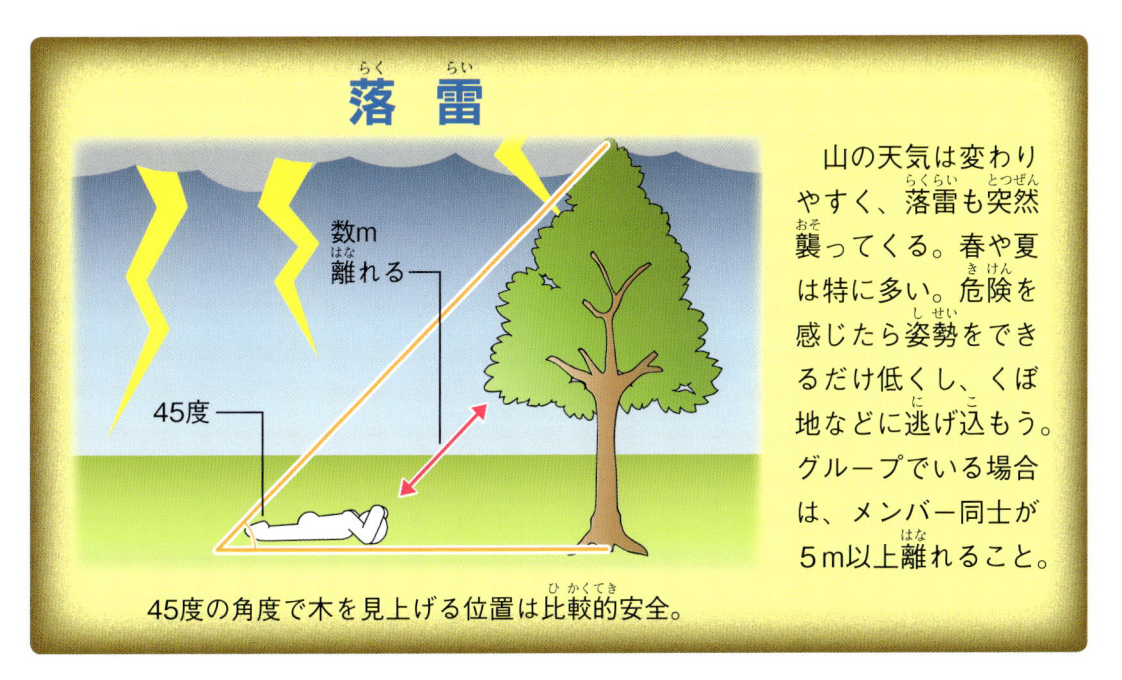

人の手でできること

今日は４人全員で道具作りだ。シンヤとダイスケは石器担当《たんとう》、アイコとジュンイチは土器担当《たんとう》だ。シンヤはナイフを作り、ダイスケは石おのを作ることにした。

シンヤは石のかけらを薄《うす》くはがして少しずつ形を整えてゆく。

「石なんて切れそうもないと思っていたけど、意外に鋭《するど》いな」ナイフの刃《は》を指でなぞりながらそう言った。

「僕《ぼく》の作っている石おのは不格好《ぶかっこう》だけど、これなら太めの木も切れるかも」とダイスケはうれしそうだ。

アイコは縄《なわ》や小枝《こえだ》を使って土器にきれいな模様《もよう》を付けていた。「こんなときだけどオシャレは大切よね」なんだそうだ。

４人は長い時間をかけて作業に励《はげ》み、やっと道具は完成した。

「道具って、今までは工場で作られるものと思っていたけど、自分で作れるんだね。コップなんて買うと安いのに、土器で作るとすごい手間がかかるんだ。大事に使おうっと」とアイコ。

「動物と違《ちが》って、人間の手は土を掘《ほ》ったり動物を捕《つか》まえたり、飛んだりするのには向いていないけど、こうやって道具を作り出すことができるんだ。この創造性《そうぞうせい》こそが人類の発展《はってん》の源《みなもと》だよ」とジュンイチは妙《みょう》に感激《かんげき》して言った。

シンヤは笑った。「オーバーだなあ。でも確《たし》かに、見かけはショボくても道具を使っていると、たとえ無人島でも人間の暮《く》らしって感じがするな」

石器や土器を作る

私《わたし》たちは工場で製造《せいぞう》されたものに囲まれて生活し、自分で作った道具はほとんど使っていない。でも、自然にあるものを利用して少しの知恵《ちえ》を絞《しぼ》れば、立派《りっぱ》な道具を作り出せる。はるかな昔のご先祖《せんぞ》さまが愛用してきた石器や土器の作り方を見てみよう。

石器のナイフを作る

人間の道具の原点とも言える石器。荒削《あらけず》りなイメージだけど、肉や魚をスパスパと切れる鋭《するど》いものもある。

石選びが大切

ものを切る石器には黒《こく》曜石《ようせき》など、きめ細かく硬《かた》い石がよく、たたくとカンカンと高い音がするものを選ぼう。

石でたたく

作る道具をイメージし、石の亀裂《きれつ》などから石目《いしめ》（割《わ》れやすい方向）を見定めて、石やハンマーで石を割《わ》る。破片《はへん》が飛び散るので長袖《ながそで》を着て安全メガネなどで目を保護《ほご》すること。

石片《せきへん》をはがす

硬《かた》い木の棒《ぼう》(昔は鹿《しか》の骨《ほね》など)を石に当て、間接《かんせつ》的に打撃《だげき》を与《あた》えると薄《うす》い石片《せきへん》がはがれる。はがれ方にはきまりがあるので、位置や角度を変えていろいろ試そう。

押《お》しつけてはがす

硬《かた》い木の棒《ぼう》を押《お》しつけるとさらに薄《うす》い石《せき》片《へん》がピシッとはがれ、鋭《するど》くなる。下に動物の皮などの柔《やわ》らかいものを敷《し》くとよい。

縄文《じょうもん》時代のさまざまな石器

小刀

黒曜石《こくようせき》で作られ、魚や動物の解体《かいたい》に使われた。

矢じり

猟《りょう》に使われるものは大きさ２～３cmほどだった。

石おの

頁岩《けつがん》という石で作られ、穴堀《あなほ》りなどに使われた。

やってみよう 縄文《じょうもん》土器を作る

①作る

　たき火で焼くことができる縄文《じょうもん》土器の作り方を紹介《しょうかい》する。土器があれば煮炊《にた》きや貯蔵《ちょぞう》が可能になり、生活レベルが一気に上がるぞ。

厚《あつ》めの丸い円盤《えんばん》を作り、葉などの上にのせる。これが底になる。

ひもで輪を作り、一段《だん》ずつ積み重ねてゆく。

煮炊《にた》きに使うなら3日ほど乾燥《かんそう》させ貝殻《かいがら》で内側を強くこする。

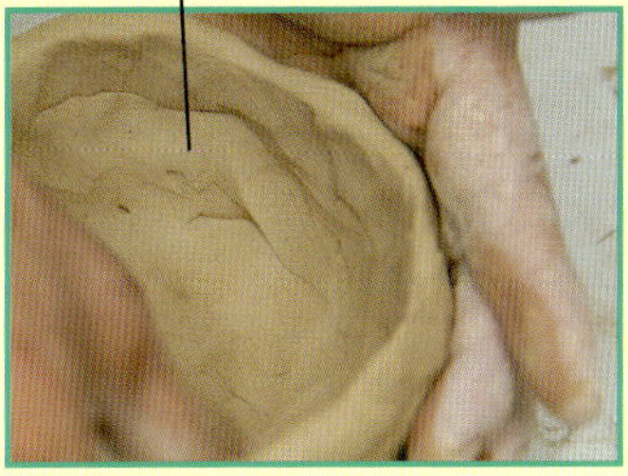

ひもは指でこすって伸《の》ばし、しっかりとくっつける。

半日ほど乾《かわ》かして縄《なわ》や木の枝などで模様《もよう》を付ける。

日陰《ひかげ》で1か月程《てい》度《ど》乾燥《かんそう》させる。

粘土《ねんど》について

　まず石や木の根などを取り除《のぞ》く。焼き割《わ》れ防止《ぼうし》のために砂《すな》を20%ぐらい混《ま》ぜ、よく練って空気を追い出す。市販《しはん》の陶芸《とうげい》用粘土《ねんど》も使える。

②焼く

まきはクヌギやナラなどの広葉樹《こうようじゅ》がよい。

最初は火から60cmぐらい離《はな》し、じょじょに近づける。ときどき向きを変えて全体を乾《かわ》かす。

水分がなくなって白っぽくなったら火の中に土器を入れ、全体に火を通す。

焼くには2～3時間かかる。土器が赤熱したら焼き上がりだ。

熱が冷めれば縄文《じょうもん》土器が完成。

アイコ 倒《たお》れる

まだ行ったことのない西の森の探検《たんけん》も兼《か》ねて、今日は全員で果物を採《と》りに出かけることにした。初めて訪《おとず》れたその森はパパイヤや木の実がとても豊富《ほうふ》だった。

４人は歓声《かんせい》を上げて集め出した。特に、果物好きのアイコは大張《は》り切りだ。

「明日の分もためておかないと」と言いながらクルクルと動き回っていたアイコだが、突然《とつぜん》倒《たお》れてしまった。みんなが駆《か》け寄《よ》っても、グッタリとして立ち上がれない。「あれ、おかしいな。急にめまいがして…」

ジュンイチがひどくうろたえた。「びょ、病気？　大丈夫《だいじょうぶ》？」

シンヤはアイコの赤い顔を見て、「熱中症《ねっちゅうしょう》かもしれない」と言った。

「熱中症《ねっちゅうしょう》？　涼《すず》しいところに横にしてあげて！　す、水分補給《ほきゅう》もしないと！」

「まあまあジュンイチ、落ち着いて」ダイスケがアイコを木《こ》陰《かげ》に運んだ。

シンヤは葉っぱでアイコに風を送り、ジュンイチは水をくんできて服にかけてやり、ダイスケはぬらした布《ぬの》をアイコの額《ひたい》の上に置いた。

やがて、アイコは少しずつ元気を取り戻《もど》した。「心配かけてごめんなさい。もう大丈《だいじょう》夫《ぶ》。でもジュンイチがすごく慌《あわ》てるから、私《わたし》もびっくりしちゃったよ」

「応急《おうきゅう》手《て》当《あて》を知っておいてよかった。でも、まずは病人を安心させることが一番大切だよ」とシンヤが言った。

「ごめん、でも心配だったから…」とジュンイチは小さい声で言った。それを聞いたアイコは横になったまま少し笑った。

応《おう》急《きゅう》手《て》当《あて》の技《ぎ》術《じゅつ》

けがなどをしたとき、最初にするのが応急手当《おうきゅうてあて》。治療《ちりょう》ではなく、病院に行く前に状態《じょうたい》が悪化するのを防《ふせ》ぐのが目的だ。応急手当《おうきゅうてあて》の有無《うむ》が生死を分けることもあるので、ぜひ身につけておこう。けがを見てパニックを起こさないことも大切だ。

出血を止める

全血液《けつえき》の３分の１（体重40kgなら約１Ｌ）以上が失われると危険《きけん》とされる。

直接《ちょくせつ》圧迫《あっぱく》止血法

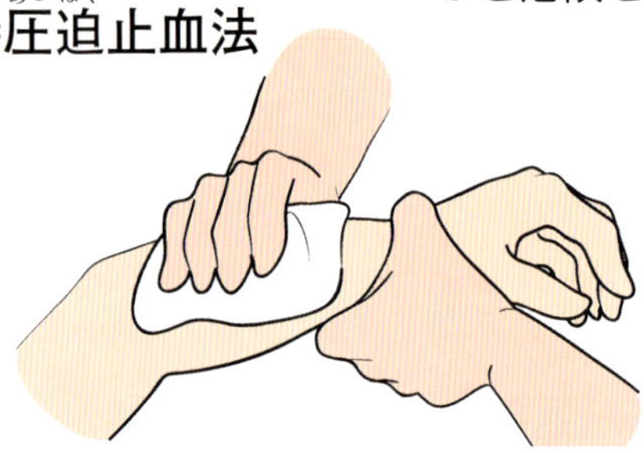

清潔《せいけつ》な布《ぬの》を当てて傷口《きずぐち》を強く押さえる。傷口《きずぐち》を心臓《しんぞう》より高く持ち上げるとよい。たいていの出血はこれで止まる。

間接圧迫《かんせつあっぱく》止血法（出血が止まらないとき）

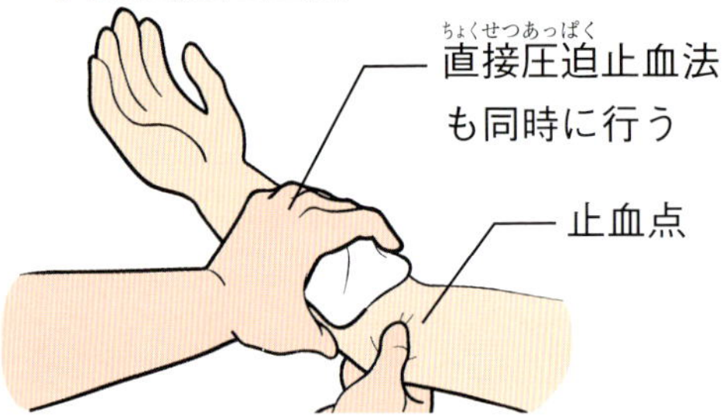

動脈（止血点と言われる場所）を指で強く押《お》さえて出血を止める。動脈を切ったときのような激《はげ》しい出血に使う。

捻挫《ねんざ》・骨折《こっせつ》

患部《かんぶ》を固定して安静にしよう。冷やすのも効果《こうか》的だ。

足首の捻挫《ねんざ》

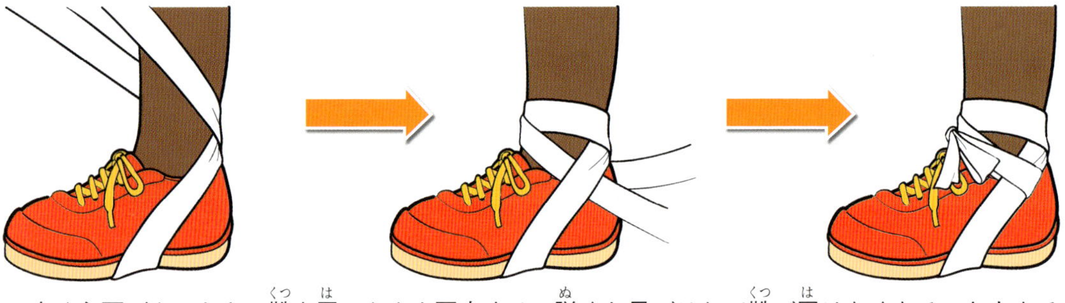

歩く必要があるときは靴《くつ》を履《は》いたまま固定する。脱《ぬ》ぐと足がはれて靴《くつ》が履《は》けなくなることもある。

前腕骨《ぜんわんこつ》の骨折《こっせつ》 ★は骨折《こっせつ》部

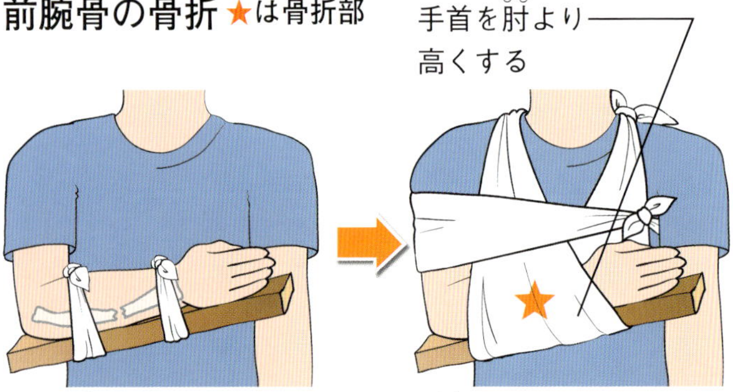

添《そ》え木を当てて固定し三角巾《きん》でつり下げる。

上腕骨《じょうわんこつ》の骨折《こっせつ》

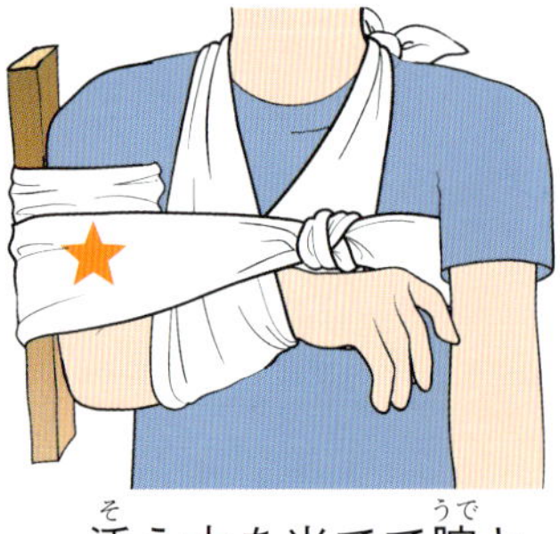

添《そ》え木を当てて腕《うで》と胸《むね》も固定する。

熱中症《ねっちゅうしょう》

高い気温やスポーツ活動によって、体温が調節できなくなると、めまいや頭痛《ずつう》などが起きる。気温が高いと室内でもかかる。

顔が青いときは足を高くする。

涼《すず》しい木陰《こかげ》などで服を緩《ゆる》めて体を横にする。体に水をかけて体温を下げる。汗《あせ》をかいていたら水を飲ませる（汗《あせ》が多いときは、スポーツドリンクや薄《うす》い食塩水のほうがよい）。

やけど

やけどの応急手当《おうきゅうてあて》はとにかく冷やすことが重要。軟膏《なんこう》などは塗《ぬ》らないこと。

★ やけどの程度《ていど》

1度	皮膚《ひふ》が赤くなり、ヒリヒリする
2度	水ぶくれやただれができる
3度	皮膚《ひふ》が白く（焦《こ》げて黒く）なる

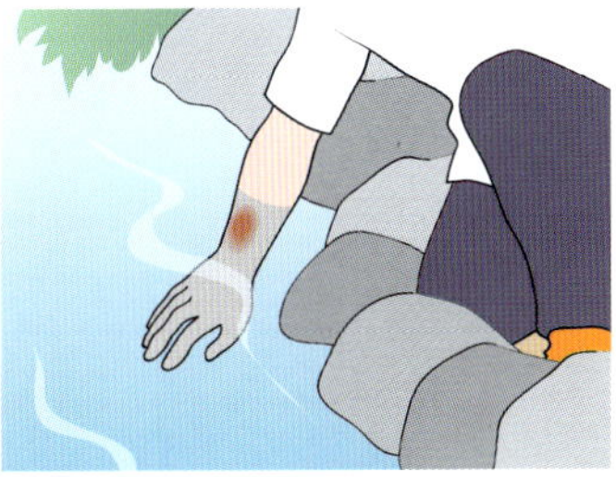

水道水や流水で患部《かんぶ》を冷やし、熱さを感じなくなるまで続ける。水がきれいなら、川に手を入れてもよい。

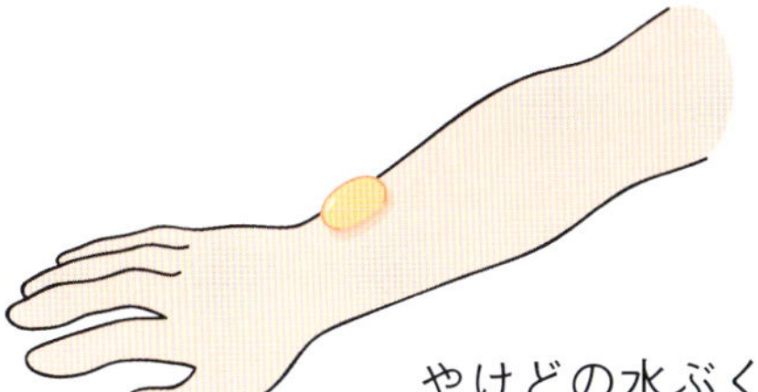

やけどの水ぶくれはつぶさずに包帯を緩《ゆる》めに巻《ま》く。

服の上から熱湯を浴びてやけどをしたら、脱《ぬ》がずに水をかける。

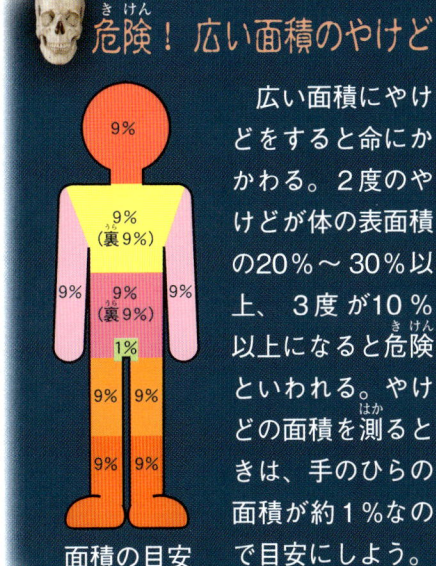

危険《きけん》！ 広い面積のやけど

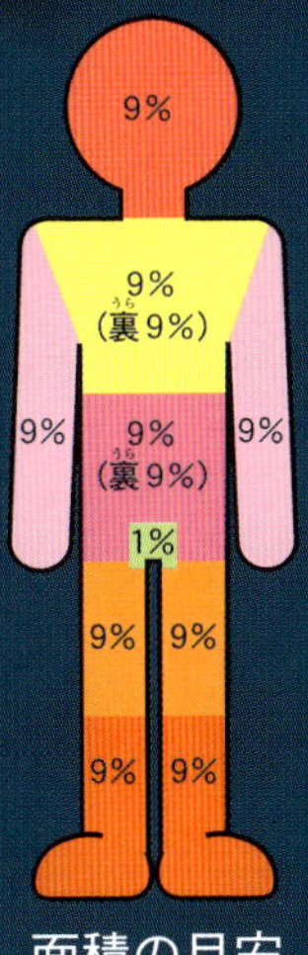

面積の目安

広い面積にやけどをすると命にかかわる。2度のやけどが体の表面積の20％～30％以上、3度が10％以上になると危険《きけん》といわれる。やけどの面積を測《はか》るときは、手のひらの面積が約1％なので目安にしよう。

水に浮《う》く方法

水に落ちた場合、まずは浮《う》くことを考えよう。慌《あわ》てて服を着たまま泳ぐと疲労《ひろう》するし、泳げる人でもおぼれることがある。

力を抜《ぬ》く

ペットボトルや流木など、浮《う》くものをかかえる。

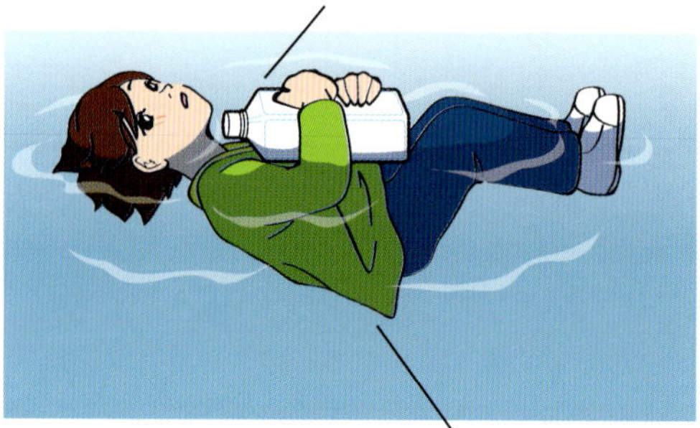

仰《あお》向けになり力を抜《ぬ》き水の流れに身をまかせる。

ライフジャケット

ライフジャケット（救命胴衣《どうい》）を着《き》ていると、助かる可能性《かのうせい》が高い。ベルト型やジャンパー型などの種類があり、水辺で活動するときは、必ず着《き》るようにしよう。

心肺停止状態《しんぱいていしじょうたい》になったら

1分間に100回程度《ていど》のテンポで30回連続のマッサージを行い、心臓《しんぞう》が動くまで繰《く》り返す。その間に人工呼吸《こきゅう》2回を挟《はさ》む。

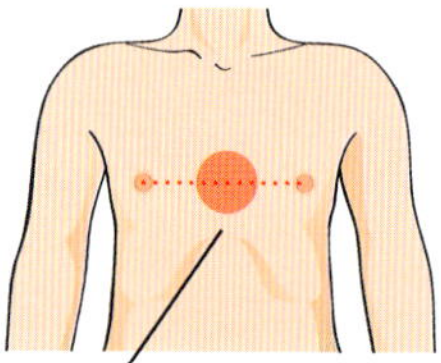

押《お》すのはあばら骨《ぼね》のほぼ中央。

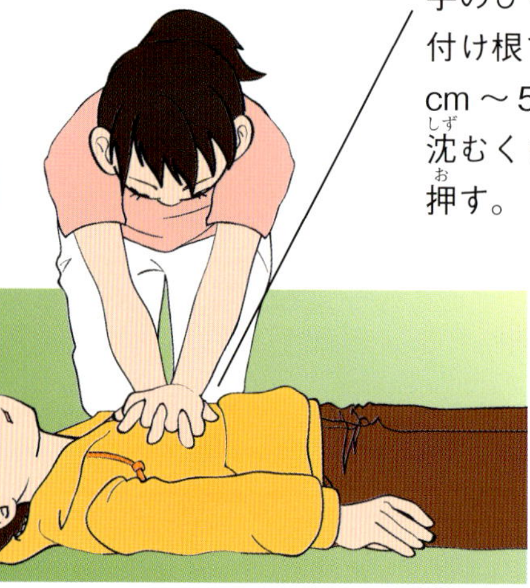

手のひらの付け根で4cm～5cm沈《しず》むくらい押《お》す。

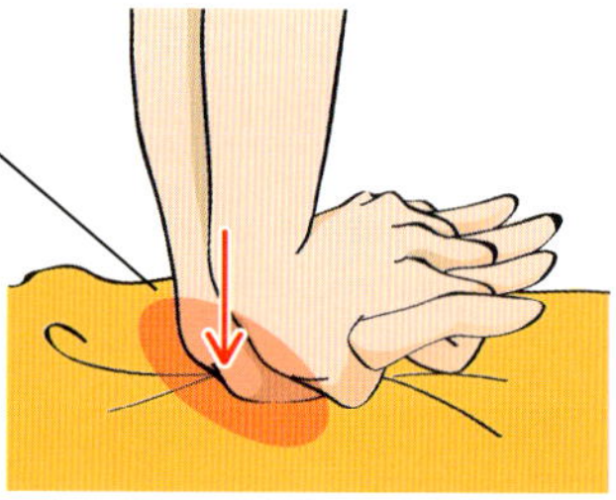

1秒でも早く行おう

心臓《しんぞう》マッサージは時間との戦いだ。心臓《しんぞう》が停止して1分以内なら助かる確率《かくりつ》は高いが、時間とともにその確率《かくりつ》は急速に下がってゆき、3分後には50%、5分後にはほぼ0%になってしまうのだ。

人工呼吸《こきゅう》

鼻をふさいで口に息を強く吹《ふ》き込《こ》む。胸《むね》が上下するのを目で確認《かくにん》しよう。

あごを上に向ける。

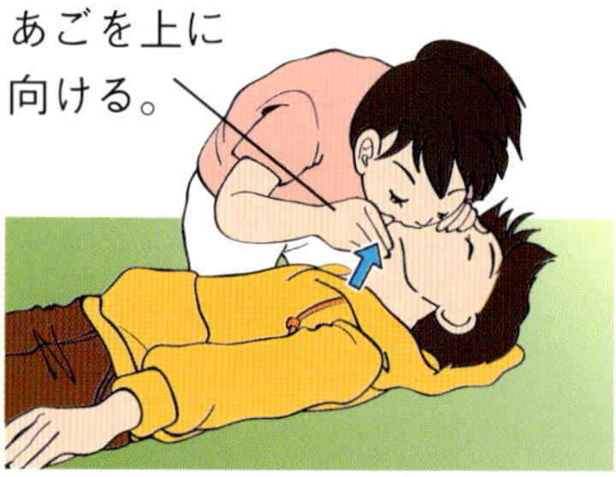

傷病者《しょうびょうしゃ》の運び方

1人では歩けない傷病者が出てしまったら、背《せ》負って長距離《きょり》を移動《いどう》するのは疲労《ひろう》が大きい。そんなときに役立つ方法を知っておこう。

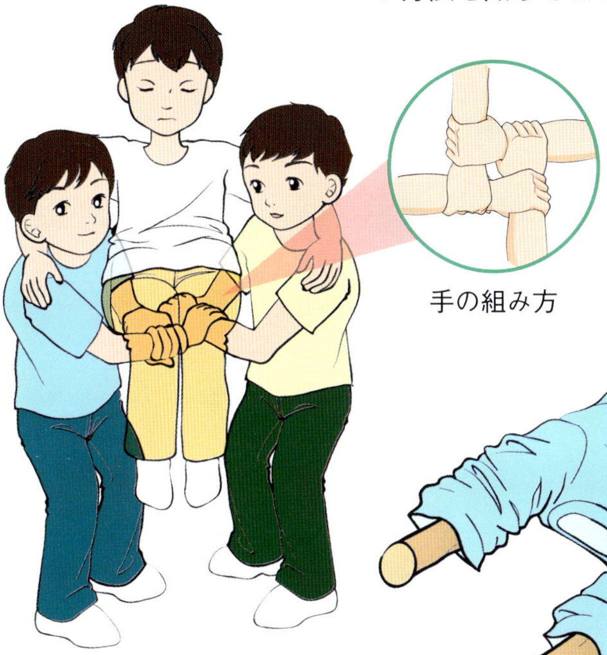

手の組み方

2人1組で手を組んだ上に病人を座《すわ》らせる方法。病人は肩《かた》に手を回す。横方向に静かに歩き、揺《ゆ》らさないようにする。体重が軽い傷病者《しょうびょうしゃ》向け。

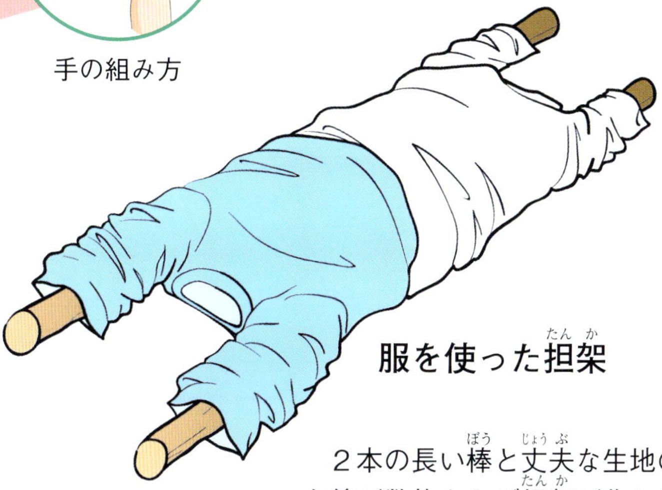

服を使った担架《たんか》

2本の長い棒《ぼう》と丈夫《じょうぶ》な生地の上着が数枚あれば担架《たんか》が作れる。このほか、毛布《もうふ》を2本の棒《ぼう》に巻《ま》きつける方法もある。傷病者《しょうびょうしゃ》を乗せる前には必ず試し乗りをして強度を確《たし》かめよう。

身近で見られる薬草

病気やけがの手当に使える薬草は古くから知られていた。治療《ちりょう》はまず病院でするべきだが、いざというときの知識《ちしき》として知っておこう。

アオキ

森や林で見られ、公園にも植えられている。しもやけ、やけどに効《き》き、葉を火であぶって患部《かんぶ》に貼《は》りつける。

ゲンノショウコ

日本全国の草地で見られ、高さは30cm程度《ていど》。葉を乾《かわ》かして煮《に》出して飲めば、便《べん》秘《ぴ》や下痢《げり》に効《き》きめがある。

ドクダミ

葉の汁《しる》を塗《ぬ》れば、靴《くつ》ずれやあせもなどに効《き》く。乾燥《かんそう》させた根や葉はお茶として有名。

お願い！ 気づいて！

海で釣《つ》りをしていたダイスケが血相を変えて３人のところに駆《か》け込《こ》んできた。「ふ、ふ、船だ！」その声を聞いたとたん３人は海に向かってダッシュし、逆《ぎゃく》にダイスケが置いてけぼりにされた。「ま、待ってよお」

岩場に立つと、はるか沖合《おきあい》に船がぽつんと浮《う》かんでいるのが見えた。「おーい！助けて！」と叫《さけ》んだけど、声が届《とど》かないのか、まったく反応《はんのう》がない。

シンヤはＴシャツの旗を振《ふ》り回《まわ》し、ジュンイチは急いでのろしを上げようとした。

４人は必死だった。こんなにがんばったのは生まれて初めてだったかもしれない。いろんなものが４人の頭に浮《う》かんだ。家族、温かい食事やお菓《か》子《し》、ふかふかのベッド。それがすべて戻《もど》ってくるかもしれないのだ。もちろん、ユキだって本《ほん》格的《かくてき》に探《さが》せるだろう。

しかし、船は４人に気づいた様子はなく、ゆっくりと水平線の彼方《かなた》に遠ざかり、やがて消えた。後に残ったのは素知《そし》らぬ顔をした青い空と青い海だけ。

「あーあ、行っちゃった」明るい調子で言ったけど、シンヤはＴシャツの旗を乱《らん》暴《ぼう》に地面にたたきつけた。Ｔシャツは泥《どろ》まみれになった。

今まで、心を支えていたつっかい棒《ぼう》のようなものが“ポキッ”と音を立てて折れた気がした。いつか誰《だれ》かが見つけてくれると、心のどこかで思っていたけど、その可能性《かのうせい》がないかもしれないと思ってしまったからだ。４人は初めて絶望《ぜつぼう》していた。ジュンイチはのろしの煙《けむり》をぼんやりと見つめながら「もう、ここで一生暮《く》らすのかな」とつぶやいた。

アイコはそんな３人の様子を黙《だま》って見ていた。

伝える技術《ぎじゅつ》

ふだんは携帯《けいたい》電話やインターネットがあるから気づかないけれど、サバイバルな状況《じょうきょう》ではそばにいない人とのコミュニケーションは非常《ひじょう》に難《むずか》しい。でも昔から使われている方法を使えば、かなり遠くまで情報《じょうほう》を伝えられるのだ。

SOS

サバイバルで最も重要になるSOS（Save Our Souls）のサインは、何かを３つ並《なら》べることだ。火をたいたり、石や木を並《なら》べたりするのでもOKだ。

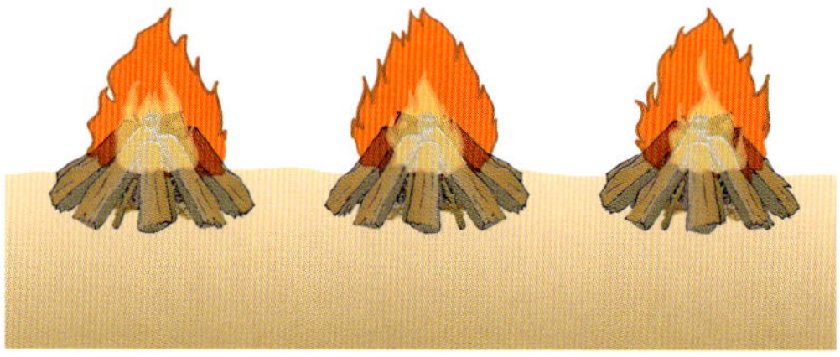

のろしの上げ方

生木や青い葉を火に入れるとよく煙《けむり》が出る。

毛布《もうふ》などをかぶせ、一気に取り外すと、まとまった量の煙《けむり》が上がる。

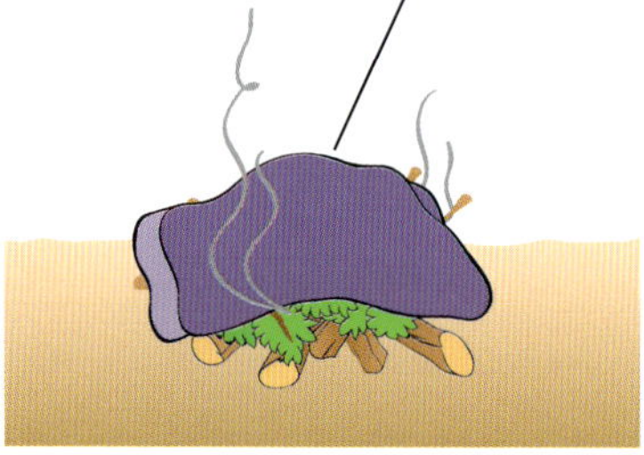

煙《けむり》を使う通信方法がのろしだ。慣《な》れた人がのろしをリレーしていくと、新幹線《しんかんせん》並《な》みの速さで遠くまでメッセージが伝わっていくという。

モールス信号

短点「・」（トン）と長点「ー」（ツー）の組み合わせで通信するのがモールス信号だ。「SOS」をモールス信号で表してみよう。

S	O	S
・・・トントントン	ーーーツーツーツー	・・・トントントン

音を出す道具

笛を使えば大声を出すより簡単《かんたん》に遠くまで伝わる。

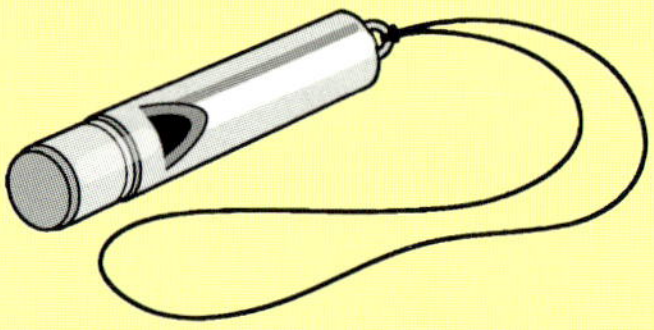

木や竹をたたくのも有効《ゆうこう》だ。高い音より、低い音の方が遠くまで響《ひび》く。

鏡で光を反射《はんしゃ》する

鏡を使った光の反射《はんしゃ》は、条件が良ければ数キロ先まで届《とど》くこともある。ただし遠くなると狙《ねら》いを定めるのがやや難《むずか》しい。

指先に光が当たるようにする。

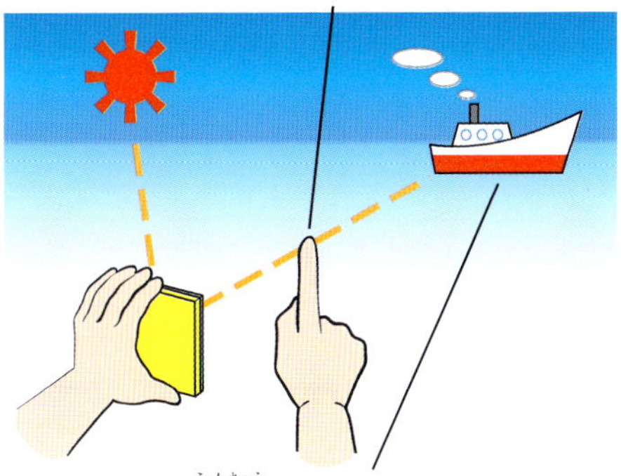

目と指の延長《えんちょう》線上に目標物が来る。

ＣＤも鏡の代わりになる。穴《あな》から目標物をのぞけば狙《ねら》いやすい。

上空へのサイン

ヘリコプターや飛行機などの注意を引くことも救助には重要だ。地面の色との違《ちが》いが出るように考えて、目立つ大きなサインを作ろう。

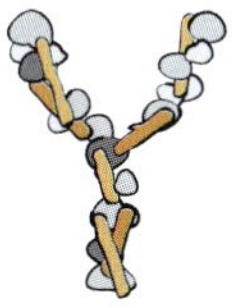

イエス

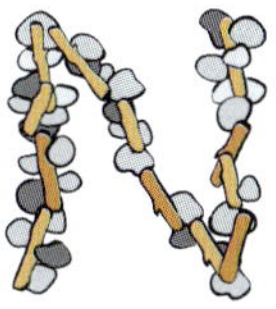

ノー

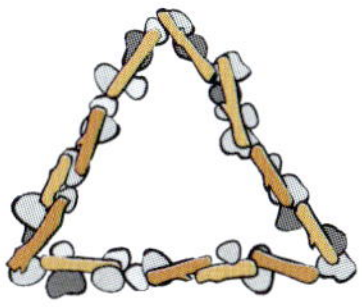

着陸可能《かのう》

医者が必要

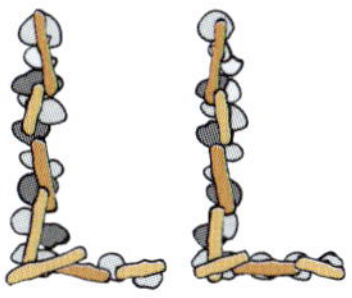

全員無事

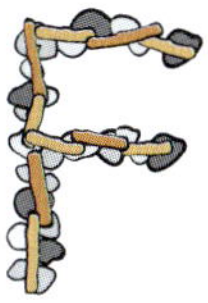

水・食料が必要

地上でのサイン

まっすぐ進め

棒《ぼう》が数を示す。

目的地まで３km

ボーイスカウトなどで使われている地上でのサイン。救助隊にとっては貴重《きちょう》な情《じょう》報《ほう》となり、空から発見されることもあるので、大きく目立つように作ろう。

この方向に進め

この道ではない

石が数を示す。

右方向４歩先に手紙あり

観客ゼロのコンサート

どこかで笛が鳴っている。

砂浜《すなはま》にへたり込《こ》んでいたシンヤ、ジュンイチ、ダイスケはハッと顔を上げた。アイコが草笛を吹《ふ》いていた。

草笛の音は語りかけるように、なぐさめるように、優《やさ》しく流れた。

「おばあちゃんが教えてくれたの。本当につらいときはこれを吹《ふ》きなさいって」

その音色は励《はげ》ましの言葉を千回言われるより、心のずっと奥《おく》に染《し》み込《こ》んできた。

「確《たし》かに落ち込《こ》んでても仕方ない！」シンヤは勢《いきお》いよくピョンと立ち上がった。

「そういえば、生きていくだけで精一杯《せいいっぱい》で、音楽のことなんて全然忘《わす》れていたね。僕《ぼく》たちも何か楽器でもやってみようか」とダイスケが言った。

かくして、この島で唯一《ゆいいつ》にして最高のバンドが結成された。シンヤはうなり板、ジュンイチは木琴《もっきん》、ダイスケは土器をひっくり返したドラム担当《たんとう》だ。知っている歌を歌いながら適当《てきとう》に楽器を打ち鳴らす。

「ジュンイチ、音程《おんてい》が合ってない！」

「チューニングが合ってないんだよ。ダイスケもリズムが遅《おそ》い！」「チューニングって何？」とシンヤ。

「そう、落ち込《こ》んでいるなんてあなたたちには似合《にあ》わないよ」アイコはほほ笑んだ。

“助かるかどうかもわからないけど、仲間と笑い合えるし、最悪ってほどでもないよ”

それが今の４人の気持ちだった。

遊ぶ技術《ぎじゅつ》

野球やサッカー、テレビゲーム…。遊びといわれて最初に思いつくのはそんなところだろうか。だけど、遊び相手としては自然もけっこうおもしろい。ボールやゲーム機がなくても、ちょっと工夫《くふう》すれば木や草の中から遊び道具をいくらでも見つけられるはず。

草の飛び道具

草を使った遊びもたくさんあるけれど、ここではみんなが大好きな飛び道具を紹介《しょうかい》しよう。

ススキ矢

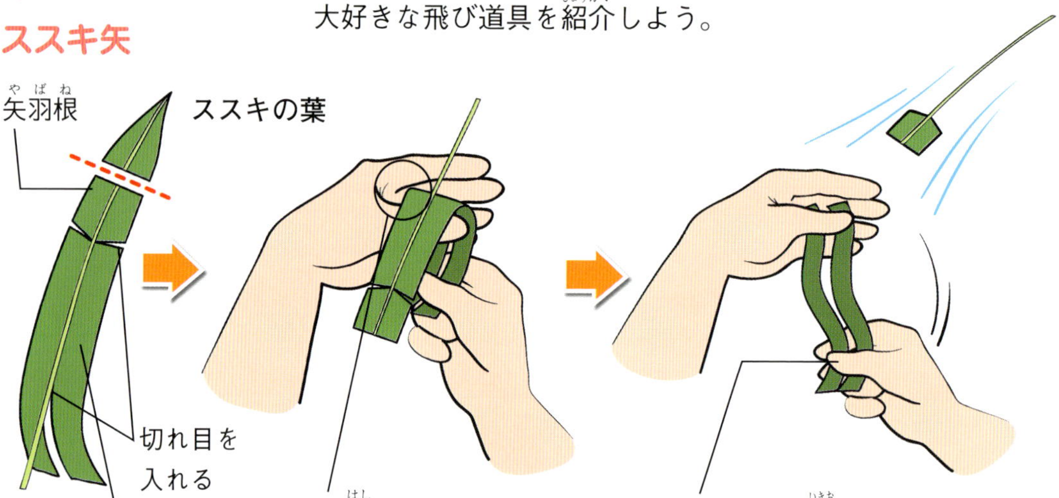

青い葉が飛ばしやすい。矢羽根《やばね》はなくてもよい。

葉の端《はし》にとげが生えているので向きに注意しよう。端《はし》の部分を取り去ってもよい。

この部分を勢《いきお》いよく下に引っぱる。

葉っぱ飛行機

ホオノキ

山林で普通《ふつう》に見られる。大きな葉が特徴《とくちょう》で、20～40cmにもなる。葉を使ってお面なども作れる。

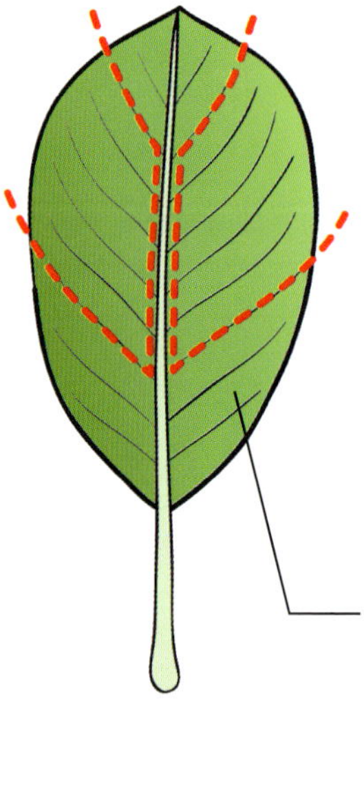

紙飛行機のように飛ばす。ほかの葉でも試《ため》してみよう。

葉脈に沿《そ》って葉を切り取る。

楽器を作ろう

草や木で作った楽器は素朴《そぼく》だけど温《あたた》かみのある音色がする。下手でもいいから気ままに演奏《えんそう》してみよう。

草笛

スズメノテッポウ

平地や湿地《しっち》に群生している。全長は20～30cm程度《ていど》。

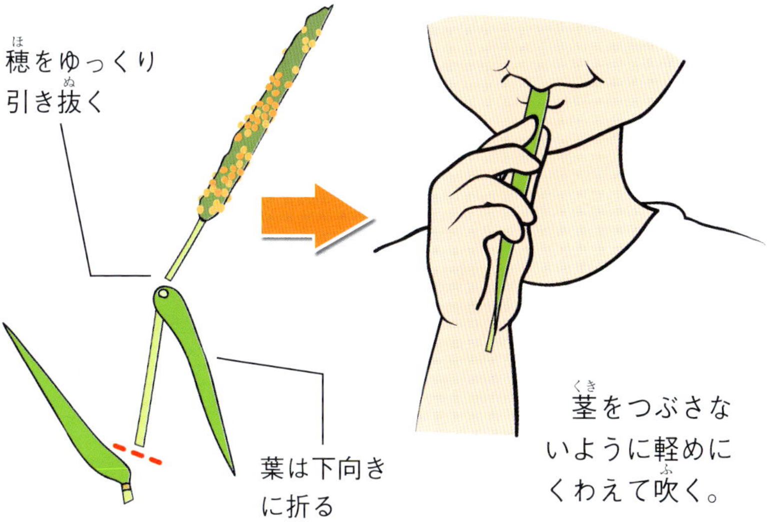

穂《ほ》をゆっくり引き抜《ぬ》く
葉は下向きに折る
茎《くき》をつぶさないように軽めにくわえて吹《ふ》く。

木琴《もっきん》

長さの違《ちが》う木を並《なら》べると音階ができる。木をよく乾《かん》燥《そう》させた方がいい音が出る。竹でも作れる。

1/4あたりの位置を支《ささ》える
真ん中をたたく

うなり板

板にひもを付けただけの簡単《かんたん》な作りだが、頭上で振《ふ》り回すとブォーンという大きな音がする。

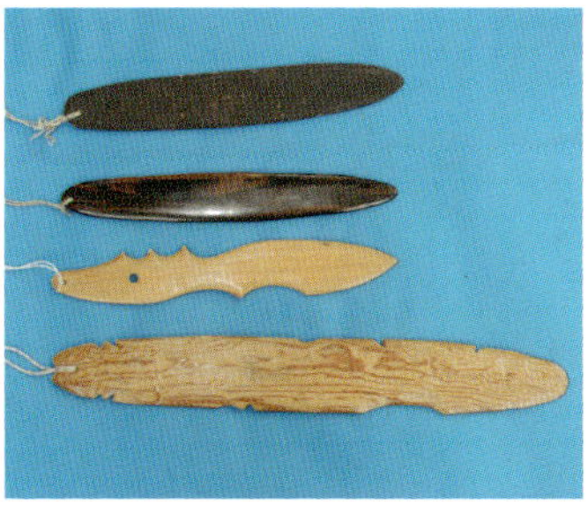

さまざまな形や大きさがあり、音色も異《こと》なる。

端《はし》の部分が飛行機の翼《つばさ》のような形状《けいじょう》になっている。

最初に回転をつけてから頭上で力強く振《ふ》り回す。

さよなら無人島

　ある朝、シンヤが３人に告げた。
「そろそろこの島を出ようと思う。いかだを作るんだ」
　実は、島の南端《なんたん》からはうっすらと陸地が見えている。しかし少なくとも10km は離《はな》れていて、泳げる距離《きょり》ではない。そこをいかだで渡《わた》ろうというのだ。
「危《あぶ》ないよ！」「難破《なんぱ》したらどうするの？」と３人は猛反対《もうはんたい》した。
「危険《きけん》なのはわかっているし、渡《わた》った先もさらに無人島という可能性《かのうせい》だってある。それでも僕《ぼく》は早くこの島を出たい。だって、ここにユキはいないみたいだから」
　シンヤのその言葉が３人を動かした。「あーあ、言い出したら聞かないからな。シンヤは」「いかだってどれぐらいの大きさにする？」「私《わたし》は食べ物を集めるわ」

４人で力を合わせたいかだ作りは順調に進んだ。そしてついに出発のときが来た。

教室のカーテンで作った帆《ほ》は風をいっぱいに受けて膨《ふく》らみ、いかだはぐんぐん前に進んでゆく。青空にはカモメがふわふわと漂《ただよ》っている。

「こんなときだけど、船旅っていいね」海に素足《すあし》をつけてアイコは言った。

一刻《いっこく》も早く脱出《だっしゅつ》したかった無人島なのに、遠ざかってゆく陸地を見ると心細さといっしょに懐《なつ》かしさがわいてきた。

もう後戻《もど》りはできない。そんな不安はあるけれど、新たな場所に行けるという、興奮《こうふん》と期待の方が大きい。

シンヤは「ようそろ、面かじいっぱーい！」と船乗りっぽく叫《さけ》んだ。「ようそろって何？」とダイスケが聞くと、シンヤは笑いながら答えた。「よく知らない！」

結ぶ技術《ぎじゅつ》

シェルターや道具の組み立て、そして人命救助まで、ロープが１本あれば行動の幅《はば》はグンと広がる。できるまで練習あるのみなので、何度も繰《く》り返して手に覚えさせよう。世界中に結びは4,000種類以上あるとも言われ、奥《おく》が深い世界なのだ。

もやい結び

お役立ち度 ★★★★★
結びの強度 ★★★★☆

輪を作るタイプの結び方で、簡単《かんたん》で強度が高く、輪の大きさが変わらない。ほどくのも簡単《かんたん》なので幅《はば》広く使われ、結びの王様と言われる。

①
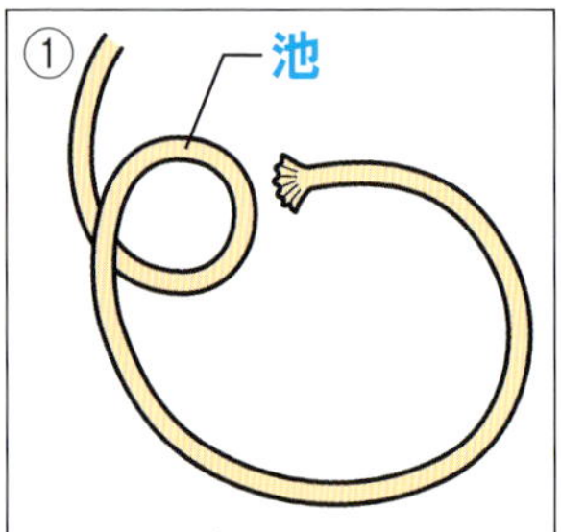

まず輪を作る。

②
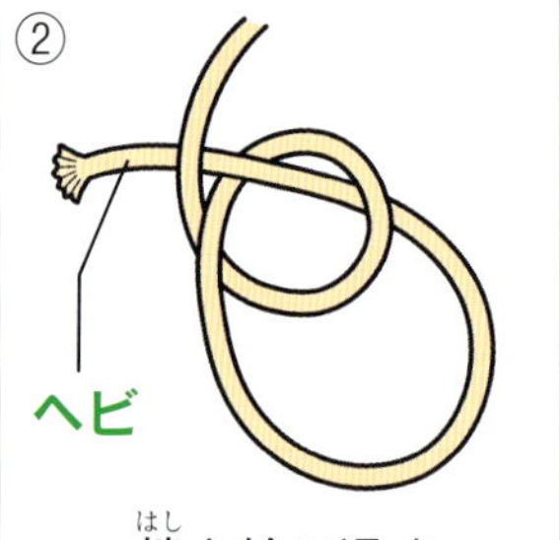

端《はし》を輪に通す

③
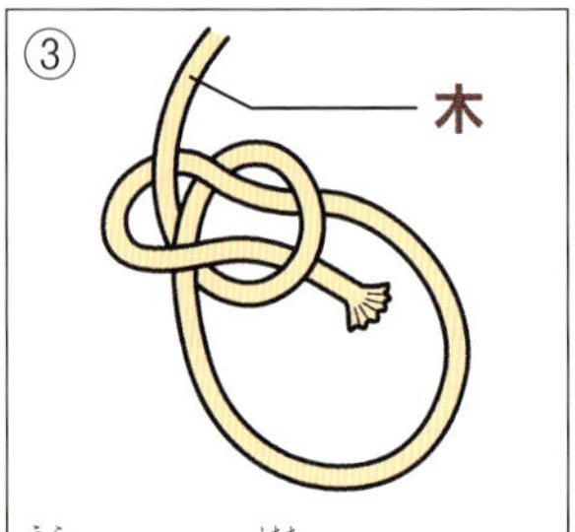

裏《うら》を通って再《ふた》び輪に通す。

④
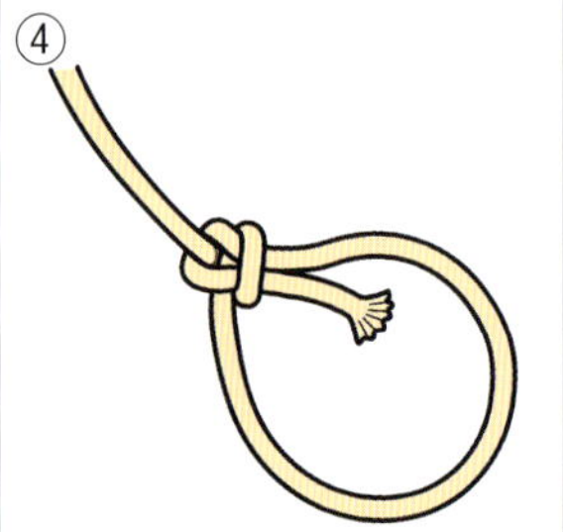
完成。

こんな場面で使う

人の救助や、モノをつなぐのに役に立つ結び方。名前も船を岸につなぐという意味の「もやう」から来ている。

覚え方

①池がひとつありました
②池からヘビがこんにちは
③木を回って池にお帰り
④でき上がり！

本結び

お役立ち度 ★★★★★
結びの強度 ★★★☆☆

２本のロープをつなぐ基本《きほん》の結び方で、強度もある。太さや材質《ざいしつ》が違《ちが》うロープには不向き。

①
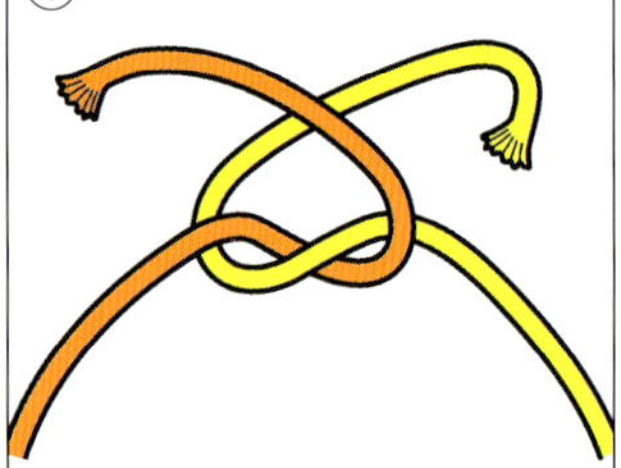
ロープを交差させ、もう一度結ぶ。

②
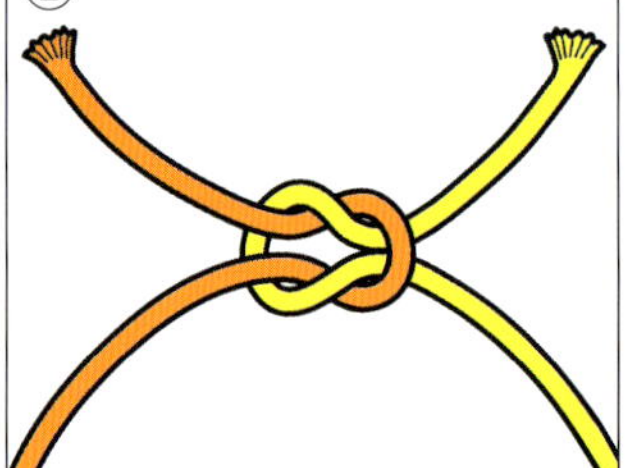
完成。

縦《たて》結びに注意

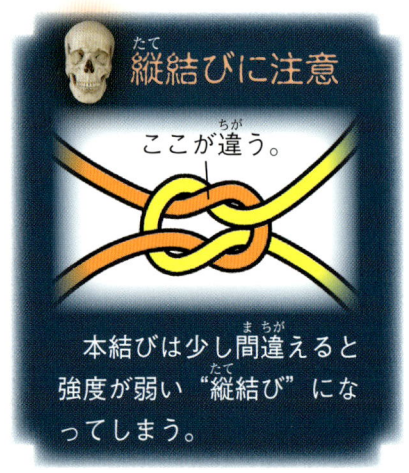

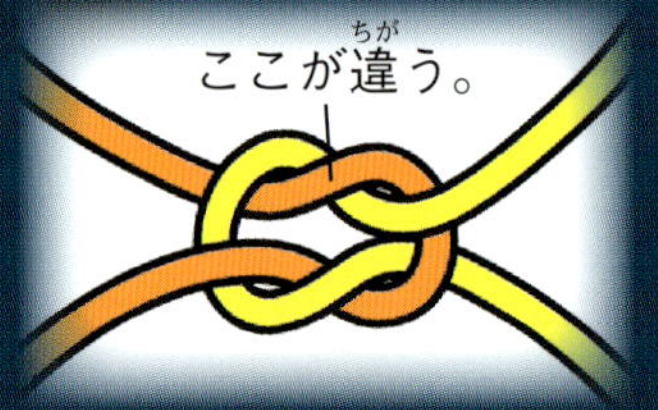

本結びは少し間違《まちが》えると強度が弱い“縦《たて》結び”になってしまう。

巻《ま》き結び

お役立ち度 ★★★★★
結びの強度 ★★★☆☆

柱や材木を結ぶときの基本《きほん》となる結び方で、ほかの結びの縛《しば》り始めと縛《しば》り終わりにも多く使われる。

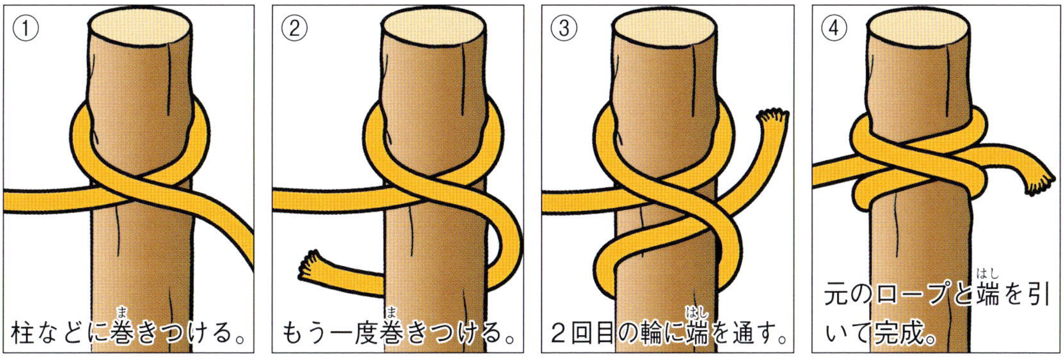

①柱などに巻《ま》きつける。
②もう一度巻《ま》きつける。
③2回目の輪に端《はし》を通す。
④元のロープと端《はし》を引いて完成。

角縛《しば》り

お役立ち度 ★★★☆☆
結びの強度 ★★★★★

木を十字に結ぶ方法で、やや複雑《ふくざつ》だがしっかりと木を固定できる。ひと巻《ま》きごとに力を入れてきっちり締《し》めることが重要になる。

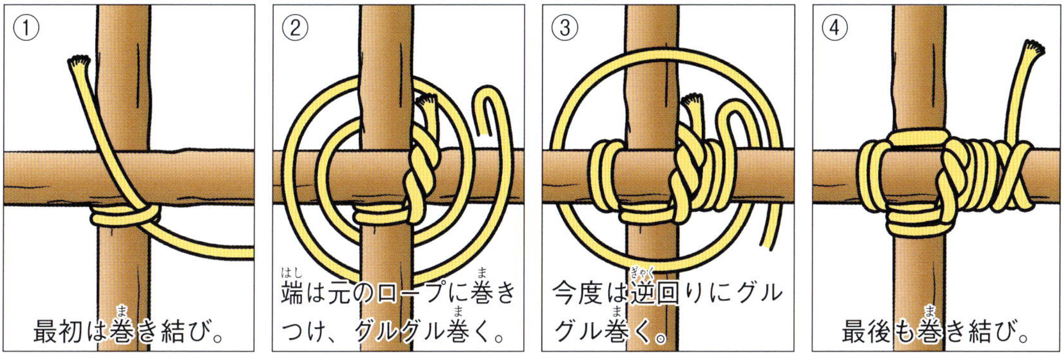

①最初は巻《ま》き結び。
②端《はし》は元のロープに巻《ま》きつけ、グルグル巻《ま》く。
③今度は逆《ぎゃく》回りにグルグル巻《ま》く。
④最後も巻《ま》き結び。

ひとえ継《つ》ぎ

お役立ち度 ★★★★☆
結びの強度 ★★★★☆

太さや材質《ざいしつ》の異《こと》なるロープをつなぎ合わせるときに使い、ロープの途中《とちゅう》でつなぐこともできる。強度もかなり高い。

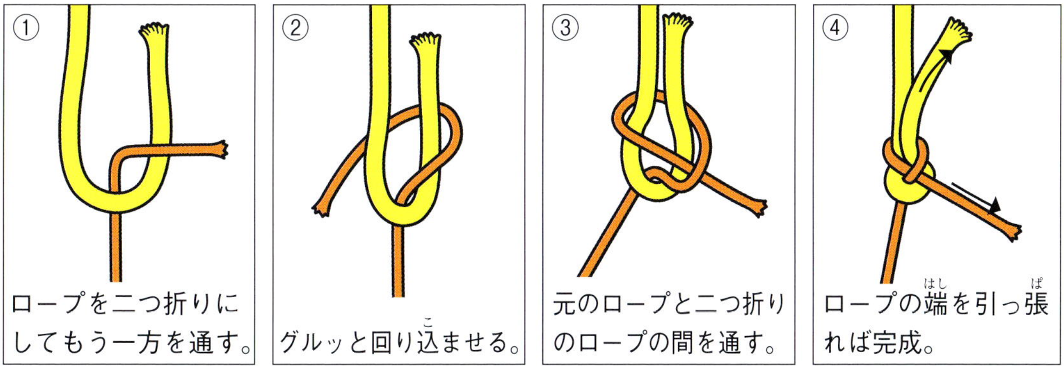

①ロープを二つ折りにしてもう一方を通す。
②グルッと回り込《こ》ませる。
③元のロープと二つ折りのロープの間を通す。
④ロープの端《はし》を引っ張《ぱ》れば完成。

結んでものを作る

ロープワークを使えば、さまざまなものを作れる。縄文《じょうもん》時代などは結ぶ技術《ぎじゅつ》だけで家まで建てていたのだ。

● はしご（よろい結び）

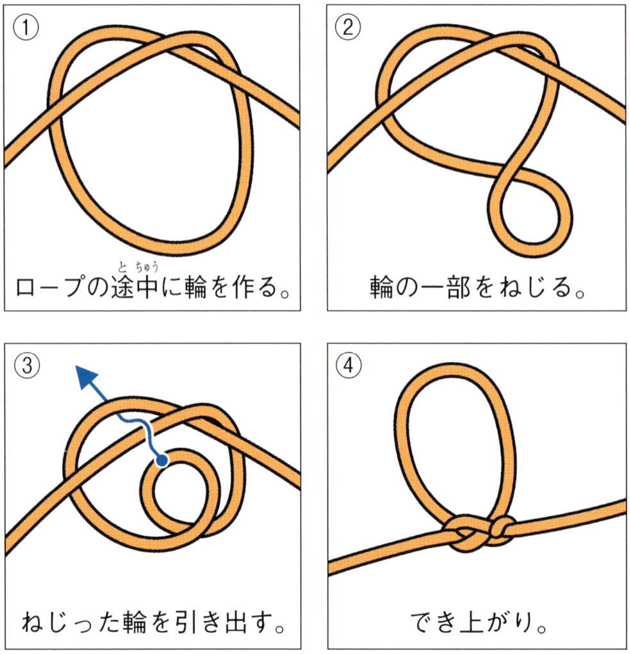

①
ロープの途中《とちゅう》に輪を作る。
②
輪の一部をねじる。
③
ねじった輪を引き出す。
④
でき上がり。

ロープを２本用意して輪を同じ位置に作る。輪に横木を通し、しっかり締《し》めて固定すればはしごのでき上がり。輪に直接《ちょくせつ》足をかけてもはしごとして使えるが、強度がやや低い。

● ブランコ（あぶみ縛《しば》り）

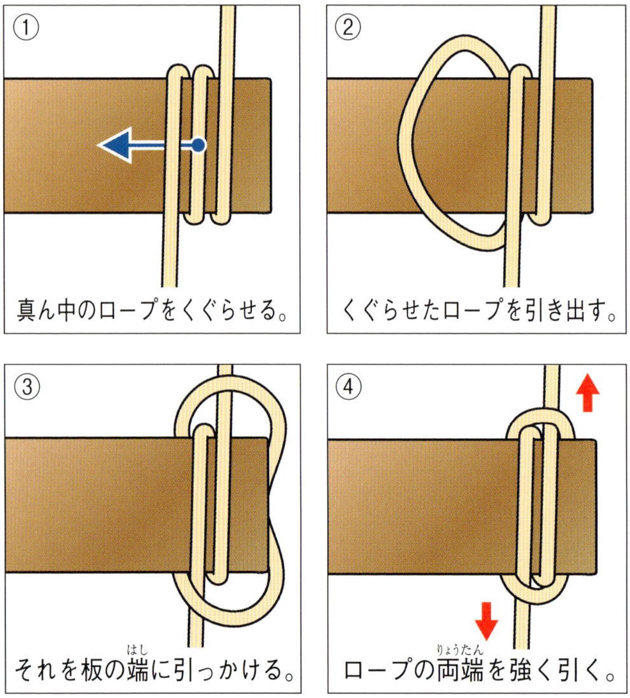

①
真ん中のロープをくぐらせる。
②
くぐらせたロープを引き出す。
③
それを板の端《はし》に引っかける。
④
ロープの両端《りょうたん》を強く引く。

布《ぬの》などを挟《はさ》む
もやい結び。

ロープは太さ１cm程度《ていど》のものを利用する。木の枝などに結びつけるときは折れない丈夫《じょうぶ》な場所にし、布《ぬの》などで木を保護《ほご》しよう。ブランコ本体は板の代わりに丸太を使ってもよい。

いかだを作る

いかだは見かけが不格好《ぶかっこう》でもいいから、丈夫《じょうぶ》でひっくり返らないことが大切だ。木以外にもドラム缶《かん》やペットボトル、漁具の浮《う》きなどが材料に使える。重くて運びづらいため水の近くで作ること。木の種類や荷物の量によっては沈《しず》んでしまうこともあるので、必ず安全な場所に浮《う》かべてテストする。島と島の間を渡《わた》るときは潮《しお》の流れをよく観察し、潮《しお》が引くときに島を離《はな》れよう。浅瀬《あさせ》を移動《いどう》する場合は長いさおで水底を押《お》す。また、いかだに乗るときは必ずライフジャケット（p.52参照）を着けよう。

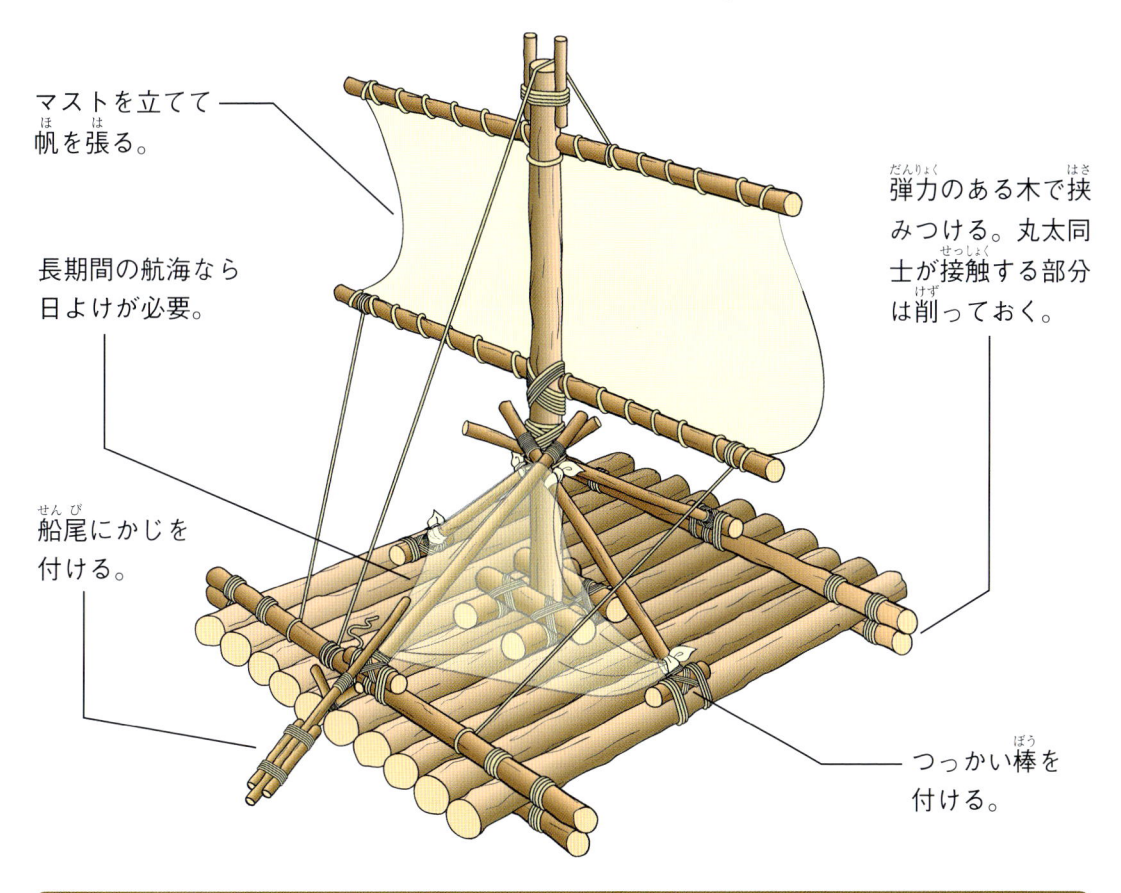

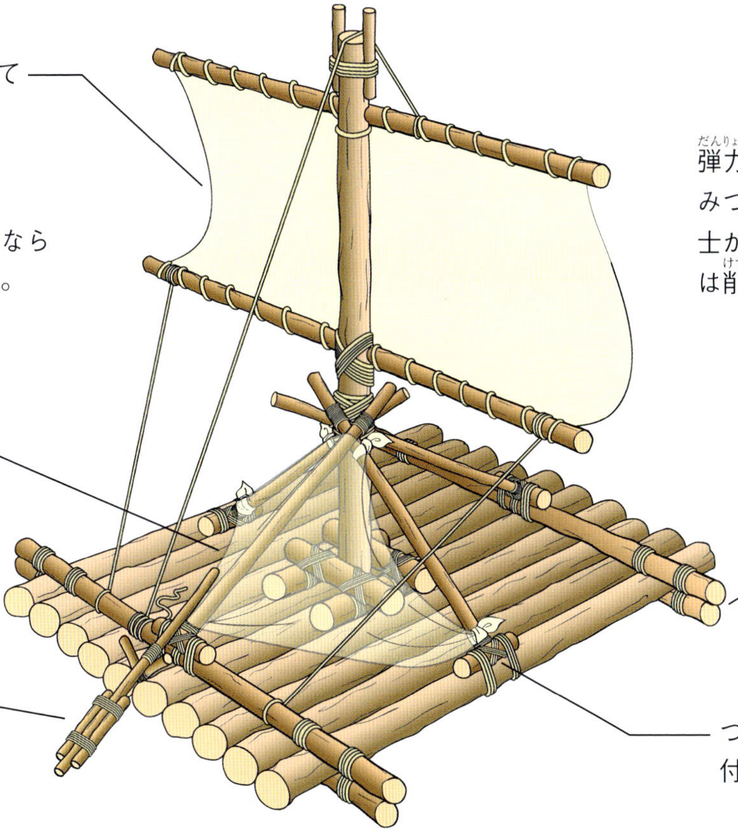

マストを立てて帆《ほ》を張《は》る。
長期間の航海なら日よけが必要。
船尾《せんび》にかじを付ける。
弾力《だんりょく》のある木で挟《はさ》みつける。丸太同士が接触《せっしょく》する部分は削《けず》っておく。
つっかい棒《ぼう》を付ける。

いかだでも大航海！

赤道
ペルー
トゥアモトゥ諸島

人類学者のヘイエルダールは古代人が太平洋を航海して移動《いどう》していたことを証明《しょうめい》するため、1947年にバルサ材や竹で作られたいかだで航海に乗り出した。ペルーから102日かけて約8,000km離《はな》れたトゥアモトゥ諸島《しょとう》にたどり着き、古代の技術《ぎじゅつ》でも大航海ができることを示《しめ》したのだ。航海の様子は『コンチキ号漂流記《ひょうりゅうき》』に詳《くわ》しい。

ひょっとしてユキ？

心配していた難破《なんぱ》などのトラブルはなく、ジュンイチが船酔《よ》いしたぐらいで航海は順調だった。陸地はゆっくりと、でも着実に近づいてきた。

そして、ついに上陸！　あたりの様子はあの無人島とほとんど同じだけど、４人は期待と不安でドキドキしていた。人は住んでいるのか？　そしてユキは？

ところが、５分ほど島の中に踏《ふ》み込《こ》んでゆくと、突然《とつぜん》ソラがほえ始めた。何か伝えようとしているようだ。そして、いきなり走りだした。ただならぬ様子のソラを見た瞬間《しゅんかん》、４人は「ひょっとしてユキ？」と思い、その後を追いかけた。

ところが、４人が見つけたのは今まで見たことのない物体だった。

一見すると平べったい巨大《きょだい》な金属性《きんぞくせい》のたまごという感じで、大きさは10mほど。

「乗り物…なのかな？」とジュンイチも首をひねる。ソラは金属《きんぞく》たまごの壁《かべ》をカリカリと引っかいている。シンヤがその部分に触《ふ》れると、今までつなぎ目などなかった場所がパカッと開いた。「どうやら中に入れるようだぞ」

４人がこわごわと中に乗り込《こ》むと、操縦《そうじゅう》席っぽいいすがいくつか並《なら》んでいて、メーターやスイッチ、ディスプレーのようなものがある。

シンヤがいすに腰《こし》かけた瞬間《しゅんかん》、あちこちが光り出し、ブーンと低い音がした。「よけいなことした!?」と３人が問いつめた。「な、なにも」しかし突然《とつぜん》、エレベーターが動き出したときのような感覚があった。「ひょっとして、これ浮《う》かんでる？」アイコが言った瞬間《しゅんかん》、たまごは猛烈《もうれつ》なスピードで動き出した。４人は叫《さけ》んだ。「今度はどこに行くんだよ!?」

（２巻に続く）

さくいん

あ

か

さ

た

な

は

ま

や

ら

監修者紹介

関根 秀樹（せきね・ひでき）

1960年福島県生まれ。

和光大学や桑沢デザイン研究所などの非常勤講師を務める。古代人や世界の先住民族の生活技術・道具文化を研究し、野外活動全般にも造詣が深い。

主な著書に『民族楽器をつくる』『縄文生活図鑑』『原始生活百科』（以上は創和出版）、『縄文人になる！ー縄文式生活技術教本』（山と渓谷社）、『焚き火大全』（共編、創森社）などがあり、全国各地で多彩なワークショップを展開している。

参考文献

『縄文生活図鑑』関根秀樹著、創和出版、1998年
『原始生活百科』関根秀樹著、創和出版、1987年
『縄文人になる ー縄文式生活技術教本』関根秀樹著、山と渓谷社、2002年
『焚き火大全』関根秀樹、中川重年、吉長成恭編、創森社、2003年
『冒険図鑑』さとうち藍著、福音館書店、1985年
『冒険遊び大図鑑』かざまりんぺい著、主婦の友社、2010年
『ＳＡＳサバイバルハンドブック＜新装版＞』ジョン・ワイズマン著、高橋和弘、友清仁訳、並木書房、1997年
『雲をみればわかる明日の天気』塚本治弘著、地球丸、2005年
『冒険手帳』谷口尚規著、石川球太画、光文社、2005年
『毒をもつ動物と応急手当』篠永哲監修、少年写真新聞社、2000年
『覚えておこう応急手当』加藤啓一監著、少年写真新聞社、2008年
『知って防ごう熱中症』田中英登著、少年写真新聞社、2008年
『ロープワーク』小暮幹雄監修、日本文芸社、2001年
『図解・究極のアウトドアテクニック』ヒュー・マクナマーズ著、近藤純夫訳、同朋舎出版、1995年
『道ばたの食べられる山野草』村田信義写真と文、偕成社、1997年
『「ゲテ食」大全』北寺尾ゲンコツ堂著、データハウス、2005年
『観天望気のウソ・ホント』飯田睦治郎著、講談社、1989年
『増補改訂 フィールドベスト図鑑 ｖｏｌ.15 日本の薬草』指田豊監修、学研教育出版、2010年

取材・撮影協力／写真提供（順不同、敬称略）

神鍋白炭工房（p.13）
和光大学（p.17）
沖縄県衛生環境研究所（p.40、41）
ヤマビル研究会（p.42）
世田谷区立代田小学校（p.47）

子ども大冒険ずかん　1

サバイバル！　無人島で大冒険

2011年2月28日　初版 第1刷発行

監　　修　関根　秀樹

絵　　スタジオ　ハレ

発 行 人　松本　恒

発 行 所　株式会社　少年写真新聞社

〒102-8232　東京都千代田区九段北1-9-12

TEL 03-3264-2624　FAX 03-5276-7785

URL http://www.schoolpress.co.jp/

印 刷 所　図書印刷株式会社

ISBN978-4-87981-366-4 C8075

NDC 786

スタッフ　編集：新井 吾朗　DTP：服部 智也　校正：石井 理抄子　イラスト：細尾 沙代　写真：森 建吾　装丁デザイン：FROG KING STUDIO　編集長：野本雅央